宁波高手②

——发掘股市金矿

（第二版）

雪峰　小美　著

地震出版社
Seismological Press

图书在版编目(CIP)数据

宁波高手.2，发掘股市金矿/ 雪峰，小美著. —2 版.—北京：
地震出版社，2016.1
ISBN 978-7-5028-4667-1

Ⅰ.①宁… Ⅱ.①雪… ②小… Ⅲ.①股票投资—中国 Ⅳ.①F832.51

中国版本图书馆 CIP 数据核字(2015)第 205866 号

地震版 XM3629

宁波高手② (第二版)

——发掘股市金矿

雪峰 小美 著

责任编辑：朱 叶

责任校对：庞亚萍

出版发行：地震出版社

北京市海淀区民族大学南路 9 号　　邮编：100081
发行部：68423031 68467993　　传真：88421706
门市部：68467991　　传真：68467991
总编室：68462709 68423029　　传真：68455221
证券图书事业部：68426052 68470332
http：//www.dzpress.com.cn
E-mail：zqbj68426052@163.com

经销：全国各地新华书店
印刷：三河市嵩川印刷有限公司

版(印)次：2016 年 1 月第二版　2016 年 1 月第一次印刷
开本：889×1194　1/32
字数：137 千字
印张：7.75
书号：ISBN 978-7-5028-4667-1/F(5360)
定价：26.00 元

前言：高手，你真牛

假如一个不会开车的人，在繁忙的高速公路上驾驶着一辆飞驰的小轿车，你想想有多危险！很多投资者完全不懂技术，就把自己毕生的积累投入到股市进行操作，这跟无证驾驶没什么两样。可以肯定，长此以往没有一个不亏损的，甚至血本无归。当你清楚地认识到这一点的时候，你必须先参加驾驶培训、熟悉交通规则，而后自己考到驾照。靠自己东撞西碰，完全凭运气不是长久之计，看懂本书等于考到股票投资的“驾照”。股票投资不是人天生就会的，是要通过不断学习，严格训练，总结经验提高水平，真正做到实践出真理！

好的项目需要好的策划，上海梅林在7天里大涨79%的事实面前，没有人再怀疑，资金就是推动股价上扬的力量。资本市场的资金需要最好的策划才会发生巨大的质变。引爆整个市场的板块热点，激发市场的人气，把所有投资者的目光都集中在一个焦点上，这就是宁波人的智慧。

自从网易的丁磊被评为2003年度中国的新一代首富，大家就开始注意到人才辈出的地方——宁波。

宁波是一个人杰地灵的地方，自古以来商人辈出，浙江商旅具有悠久的历史和深厚的文化底蕴！

在资本市场，也是一样，江浙地区向来是中国股市中最活跃的地区之一。让人难以置信的是股票项目在宁波可以在最短的时间内筹集到数亿计的短期资金，其他地方很难有这么好的氛围。

关于投资，愚笨者总是这样说："市场比较难做，热点转换太快，总之机会比较少！"理由多得让投资者对股市望而却步，很好的赚钱机会就在眼皮底下给溜走了。

而聪明者则说："我看市场肯定还会波动，机会是自己创造和发掘的，涨停其实很安全！机会就在眼前，像蚊子一样叮住主力，远离主力的成本，吸一口血就飞走了。爽！"

毋庸多言，宁波高手已经成为投资者心中不可替代的一股力量，一股奋发创新的力量，一股推动股价上扬的力量。资金是打造一流品牌的有力保障，信心来源于雄厚资金的领涨实力。

经过对《宁波高手》的研究和学习，一批投资者成了短线高手，轻松掌握了市场的特点，深切感受着市场变化，成为盈利最快的一个群体。相信每一位读者经过刻苦钻研，严格训练，一定也可以把自己锻炼成技术过硬的短线实战高手。

感谢读者对我们的厚爱，我们坚信市场是有规律的，我们没有停止过努力探索证券市场规律的步伐，并把我们的深刻理解无私地传授给我们的学员和读者。本书详细介绍了“神枪手”出击、“神枪手”买入、“聚宝盆”会员买入等重要的实际操作绝技和市场信号，足以让所有喜欢股票投资的读者受益匪浅。“读书人，天不负。”投资要靠知识来武装，愿每一位热爱读书的人富足。

我们最重要的投资理念“生存第一，赚钱第二”，得到了众多投资者和业内同行的高度认同和支持。我们朴实的操盘风格，稳健的运作模式更引发了广大投资者的共鸣。“资金推动股价上扬”更成为部分投资者的信条。我们在熊市中的涨停板精选黑马方法从根本上改变了投资者的思维。在牛市中我们将继续做“红三兵”的专业上涨图形。主流资金快速持续封涨停的手法，调动了市场参与者的热情，使赚钱效应不断涌现。跟风盘的坚定、市场热点的吻合，使我们管理的资本得到快速扩张。最主要的原因是我们对热点和个股行情分析得非常深入和透彻。我们一贯以“共同进退，共享收获”实现合作双赢。为实现自己心中的理想坚持不懈，我们一直以做中国最高收益率的投资者为奋斗目标。

不管市场是熊市还是牛市，也不管市场多么难行，我们毅然昂首阔步，向着我们的目标，前进！前进！前进！

投资股票和经营生意一样，需要有高人策划。看到杭州楼价出现暴涨，你才认识到“温州炒楼团”袭击的威力；看到股价连续大幅攀升不断涨停，你才想到了“涨停敢死队”的存在。放眼中国股市，试问谁主股价沉浮？还看今朝！

千载难逢的暴利机会就在中国股市！

新牛市新行情将更为精彩，请在战略上、资金上作好准备！

谨以此书，奉献给千千万万饱尝股市辛酸苦辣的股民朋友！

愿广大读者振奋精神，从今天开始，崛起！加油！

股市永恒的规律是变化和波动。虽然我们的理念已经深入股民的心，但限于知识有限，本书难免还会有很多不足和不当之处，欢迎读者给予宝贵意见和建议。

欢迎广大读者登陆宁波高手网站(www.nbgs.com.cn)留言、交流。

我们将竭诚为广大投资者服务。

雪峰 小美

目　录

下篇　宁波高手简易黑马

上 篇

宁波高手看盘技巧

第一章 看 盘

不懂看盘如同无证驾驶，博彩心理在股市里要不得，要知道股市可以杀人于无痕，在这没有硝烟的战场，不知消灭了多少机构和散户，稍有不慎，就是跌停。睁大眼睛，如履薄冰，也许还可以在股海中多生存几天。学习过硬的本领、背诵所有的技巧原则、看透书中每一张图，就可以再战江湖。

证券投资主要的研究方向有基本面分析和技术面分析。经过 2003 年的大盘蓝筹股不断创出历史新高，使机构投资者赚钱的行业分析得到了前所未有的重视。行业分析通常包括产业分析与区域分析两个方面。前者主要分析产业所属的不同市场类型、所处的不同生命周期以及产业的业绩对于证券价格的影响；后者主要分析区域经济因素对证券价格的影响。行业分析一般我们都是依靠机构研究所的研究报告作为参考。由于需要的专业行业知识比较扎实，因此，我们更注重技术分析。简单地说，技术分析就是以证券市场行为来分析和预测证券将来的行为，不考虑其他因素。市场行为包括三个方面的内容：①市场价格；②成交量；③达到这些价格和成交量所用的时间。一般的投资者不需要非常宽广的知识面都能快速掌握我们的技术面分析。盘面反映了市场的各种行为。

其实一般投资者都知道，而且都能准确地看对了行情，只不过在执行时有些犹豫，以至错过了很多赚钱的机会和逃顶的时机。因此，笔者认为对于时间系数的分析和研究是最重要的，对于时间之窗的应用也是非常重要的。正如索罗斯的每一次出动的时机都很注重时间一样。做短线，特别是做大资金的短线，更要注意时间这个要素。对大盘涨跌的时间系数没有准确把握就会出现在不合适的时间做了不合适的事，这就很难有收益了。但是越来越多的投资者已经开始从中国古老的文化中吸取其中的精华。除了时间，我们主要的操作几乎都是要靠自己看盘来分析股价和大盘的走向，看盘技巧可以让大家从股价的上涨之前开始，到习惯地把握。为了迎合投资者的需要，在特定的时间和特定的点位，突然运作一些具有代表性的个股，可以起到四两拨千斤的神奇作用。深度的研究分析从行业景气到股价技术配合等都一一达到天时地利人和的境界。重点已经不在于资金了！这就是股票操作的最高境界。

第一节 上涨之前

我们要相信自己的直觉，提前预测到未来的热点和大盘的运行状况，提早做好深度研究分析，把将要成为市场的热点和个股系统分类地超前作好准备。机会是留给有准备的人的。自选股法则就是我们对上涨之前的股票已经在盘后分析中提前选出暴涨黑马的诞生地——自选股。我们通知高级会员美其名曰：“聚宝盆”，即在“聚宝盆”里拿出来的都是你想要的宝贝。

在“聚宝盆”当中再优选三到五只个股作为每天重点关注的对象，盘中对市场的个股第一时间观察开盘竞价的第一张集合成交价，数量大而且股价是上涨的，对整天的运作起到非常重要的作用。以始终在涨幅榜第一、第二版靠前的为好。两军对阵，强者胜。

大盘已经到达了一个需要逆转的时候了，从下跌的轨道开始转向。当然，很多时候很难判断转向的力度和上涨的空间。从成交量的变化可以知道趋向的动态发展。上涨之前，是下跌已经进入强弩之末。一个标志性的东西或者一次非常重要的契机，以大家所认同目标股作为突破口，引领整个市场出现人气在最短的时间内得到聚集。正如 2003 年 11 月 13 日上证指数在1307点出现绝地反弹。以上海梅林作为严重超跌股的龙头，同时引发投资者对1999年“5.19”行情的联想，科技股、网络股等应声而涨。超跌股在非常短的时间内达到量能的爆发。然后以长江电力18日上市发动以绩优蓝筹为主流板块的再一次启动，同时引导了一批新股创出历史新高不断走强。大盘的动向由此改变了以往被动的局面，恢复性行情展开。

股市的价格波动是我们主要研究的课题，对于个股的基本面研究，我们认为有券商研究所的行业分析师代劳就可以了。但是，对与股价的技术分析，永远只有自己才是最信得过的人。我们从历史的上涨的黑马当中寻找上涨的共同轨迹，同时也发现身边有些朋友太相信名气很大的投资机构按技术分析推荐的个股而上当被套。因此，我们提醒读者更要坚信你自己的分析。

凡是要暴涨的黑马，主流资金介入较深的股票都将是股价的图形、均线呈现多头配合才是正道！很多投资机构推荐个股，一会儿这种，一会儿那种，始终没有自己的原则，以至一直没有在资本市场得到扩张。私人的财务顾问做好了，赚钱就是硬道理，一个客户同时带动了更多的客户加入，你的力量自然就壮大了。也许很多人都有这种想法，但是，如何得到超常规的快速扩张呢？需要研究的团队和决策的高手，如果你团队有力量，客户自然多起来。群体越大，实力越强。很多人没有研究股价上涨之前的信号，只是从表相中去臆断股价的趋势。坦白说，不管是牛市还是熊市，亏损的总是多数人。

上涨之前有什么现象呢？第一就是成交量必须有所变化，股价未涨量先涨，温和放量是股价加速的有效条件。因此，我们在看股价的K线图的时候一定要看成交量的变化，由于不同的量表达了主力不同的意图。上涨之前千方百计想掩饰自己的意图。但是股价上涨之前，至少是大涨之前必须有一个重要的特征就是股价先突破并站稳在5日均线之上。

在看盘的时候你必须提前作好充分的准备，如果你仅凭当时的盘面判断是比较难做到全面的，更难在股价上涨之前发现它的动作，因此，股价上涨之前最主要的工作就是研究好目标股，详细分析好基本面和技术面。达到一看到有主力有动作马上就可以知道该怎么做了。专业投资者每天都要盯盘不会放过任何非常有把握的机会的。机会只要出现，就一定能抓住。

【看图分析解密】（图1–1）

请看上海梅林(600073)的日K线图形，2003年11月7日开始在5.50元附近不再下跌，连续四天横盘在此时还没有任何强势特征。当2003年11月13日(星

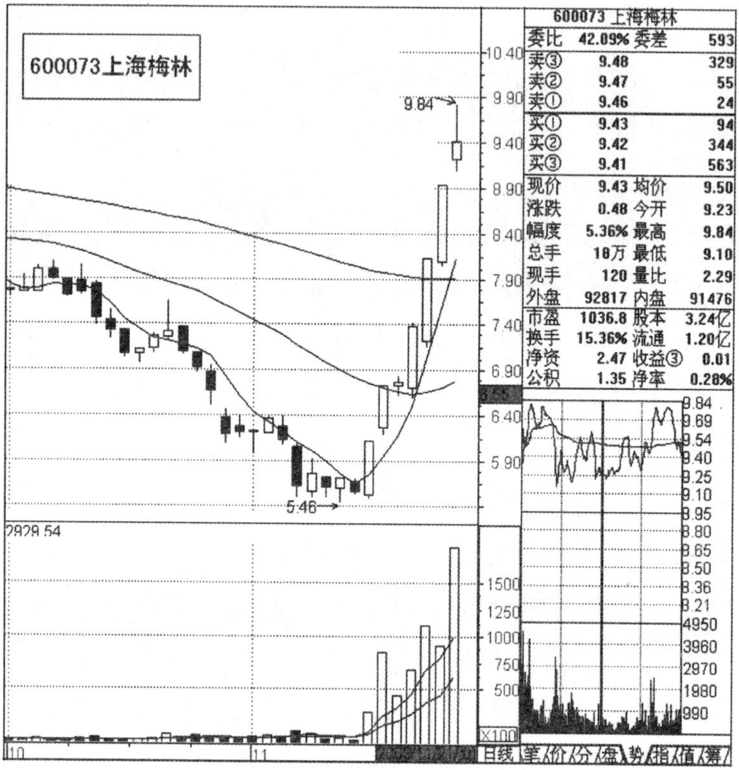

图 1-1

期四)随着低价股底部股反弹成为热点，该股快速出现大单买进，果断突破 5 日移动平均线 5.77 元，快速突破后在 5.80～5.90 元之间强势横盘，然后放量往上突破封住涨停板 6.14 元。虽然通知了很多高级会员在突破买入信号出现后短线买进，平均成本为 5.95 元左右。但是当时涨停之后也不知道能否持续成为焦点。因此，按照惯例第二天开盘高开很快就出货了。刚出货不久，发现成交量跟上了，于是在2003年11月14日(星期五)再次当日高位7%买进上海梅林。果然又出现涨停6.75元！第三天由于连续两天涨停出现了十字星，我们同样在开盘后很快卖出。就在2003年11月18日(星期二)再次发力向上的时候，我们才明确，该股一定是个龙头，想起当年“5.19”行情，我们在确认后，果断大胆介入。涨停板大量挂单排队买进，同时在通知高级会员“缩量涨停”最安全的暴利模式图形出现，那就是——上海梅林。很顺利第二天(2003年11月19日)又涨停了8.14元，会员继续买进。到了2003年11月20日龙头股上海梅林已经被市场高度认同。再次出现“缩量涨停”最安全的暴利模式图形，继续在涨停板通知坚决介入不收阴线不卖出一股。果然2003年11月21日又高开冲高。

【实战策略精要】

（1）强势龙头一旦确认，坚决介入。

（2）缩量涨停第一次上涨途中出现最安全。

（3）偏离5日移动平均线不远的时候还会出现急速拉升。

（4）成交量的5日均量线一定要上升通道，最好是与10天均量线形成金叉后平行向上。

【看图分析解密】（图 1-2）

很多人认为上海梅林是从第一个涨停一直持有到

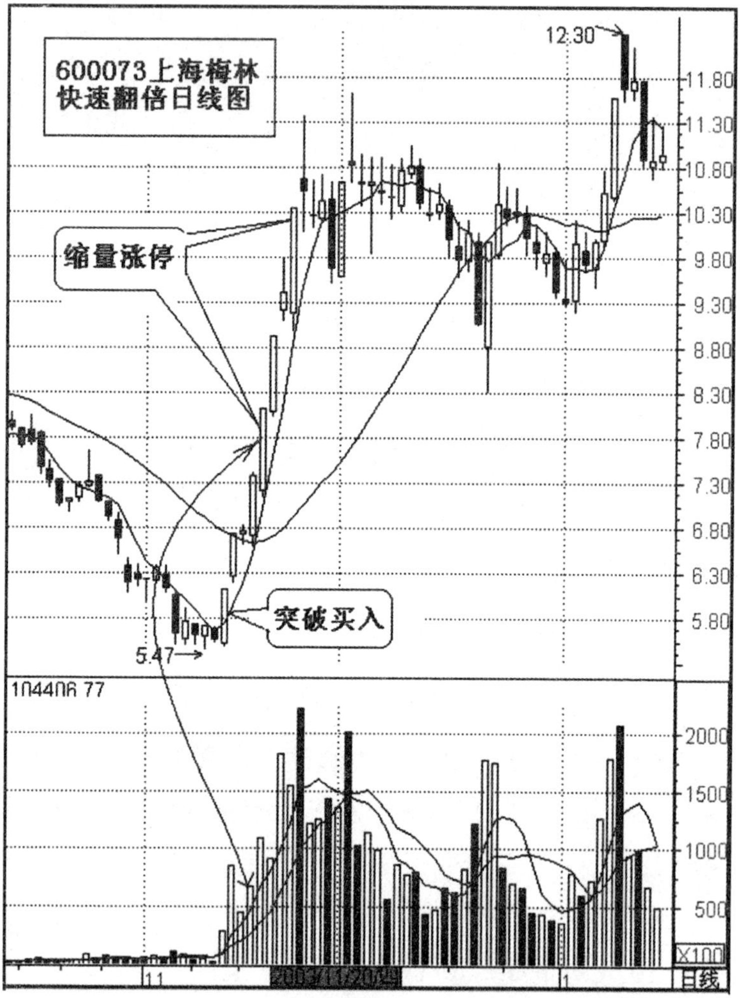

图 1-2

最后翻倍的，但是，在实战当中却没有这么完美，经历了多次卖出后，以卖出价更高的价格再次买进的心理变化过程。涨停敢死队更加认为股票只有在涨停的时候才是可以买进的好股票，也只有涨停的封单才能说明主力的实力。总之，涨停的股票才是最好的股票！不涨停不买进，不放量不买进，不突破不买进。想赚超出常人的利润，必须超前常人的思维。经常涨停的股票一定要重点关注。很多人怀疑恐惧已经确立的走势。试想大量的资金集中在龙头品种上运作，机会一定是最大的。同时，真正的龙头在大盘出现调整的时候还是比大盘抗跌的，只要大盘再次站稳上涨，龙头一般都会快速大涨，就算反弹力度也会比其他股票强很多。判断龙头，关注龙头，一定可以更快富有。

【实战策略精要】

（1）经过快速放量涨停的股票当出现停滞或者涨速跟不上的时候要小心风险，果断获利了结。

（2）股价高位放量，均量线出现死叉，出货为上策。

（3）大幅暴炒过的股票短时间内不再参与。

（4）三波明显上涨过后，坚决出局。

第二节 上涨之时

凡是股价上涨的时候，均线系统都会随之出现多头的上涨弧型。如果把K线图画出来就有一个滑翔向上的动态。如果你把股价K线图当成是乒乓球，那均线就是乒乓球拍。不要以为人人都会看，把握的技巧是靠长期的实际操作积累的。

股票上涨的时候，也不能随便猜测股价能上涨到什么价格。如果不是根据实际的情况判断股价，那都是吹牛的。

在探索股市内在规律时，我们发现时间是一个关键的因素，当到达一定的时间之后，行情将有可能逆转，我们要密切关注转折点的出现。当确认由下跌转折为上升之后，就到达了上涨之时。轮翻板块炒作是我们的重点操作。当热点形成的时候，要果断地介入。因为此时是价格上涨之时，赚钱比较容易的时段。

【看图分析解密】（图1–3）

中视传媒(600088)下探最低点6.41元后出现红三兵的走势，调整一天后就放量快速涨停，跟上海梅林(600073)形成板块热点多头同盟，一起撬动整个科技网络股板地的反弹冲击波。注意到成交量出现金叉后

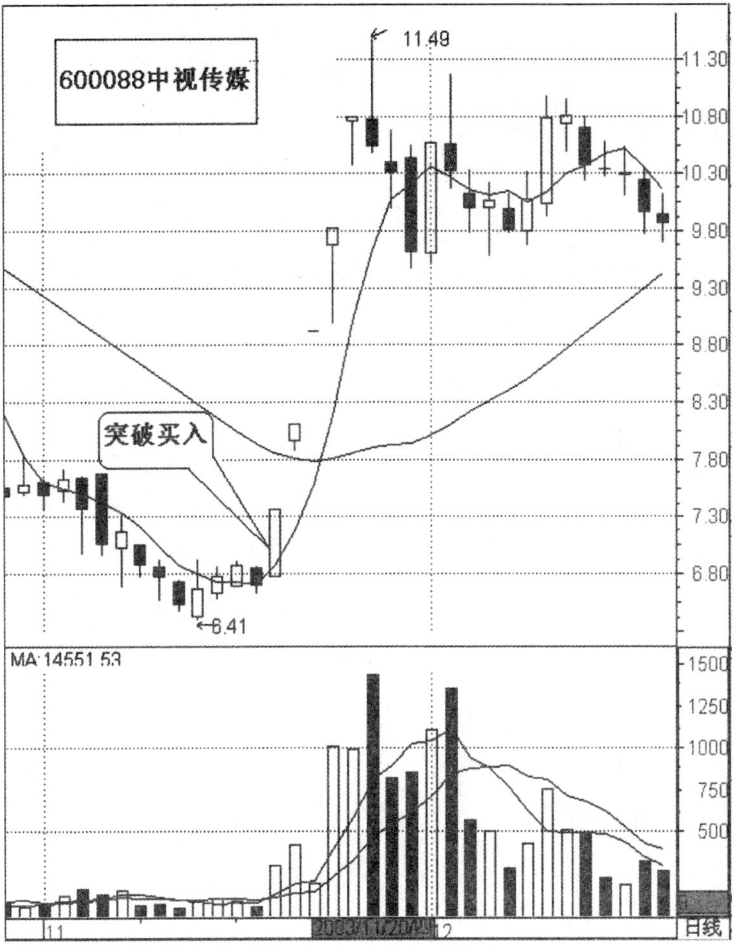

图 1–3

的表现突出。仔细翻开其十大股东情况更加觉得值得短线投资。十大股东为：①无锡太湖影视城；②中国国际电视总公司；③北京中电高科技电视发展公司；

④北京未来广告公司； ⑤江苏宁沪高速公路股份有限公司；⑥通乾证券投资基金公司；⑦北京荧屏汽车租赁公司；⑧景福证券投资基金公司；⑨苏州市信托投资公司；⑩上海市出租汽车结算管理中心。从股东来看是基金公司的信托公司持有，在市场转好的情况下，就顺势发力突破向上。我们在操作过程中要注意盘中的大单成交情况。如果大笔单成交之后，下一笔成交价比大单成交价格要高，就意味着主力愿意以更高的价格买进。我们也就可以看多做多了。高位出现长线的时候说明主力可能以宽幅震荡来出货。特别是成交量出现大幅减少的时候更要注意风险。此外，通常机构出货都是一个阶段有一个过程，当出现两个高点的时候就要注意形成双头了。M头通常都是头部的重要特征，读者要注意出货原则。

【实战策略精要】

（1）底部放量涨停，快速介入。

（2）中途缩量开盘涨停，大胆持股。

（3）高位放量收阴，偏离5日移动平均线太远，果断了结。

（4）高位量能萎缩，注意调整出现，快速出货，观望。

【看图分析解密】（图 1-4）

新宇软件(600687)属于底价的软件股，在上海梅林(600073)和中视传媒(600088)的率先涨停示范下，出现了大单突破平台封住涨停板。第一个涨停抛盘比较

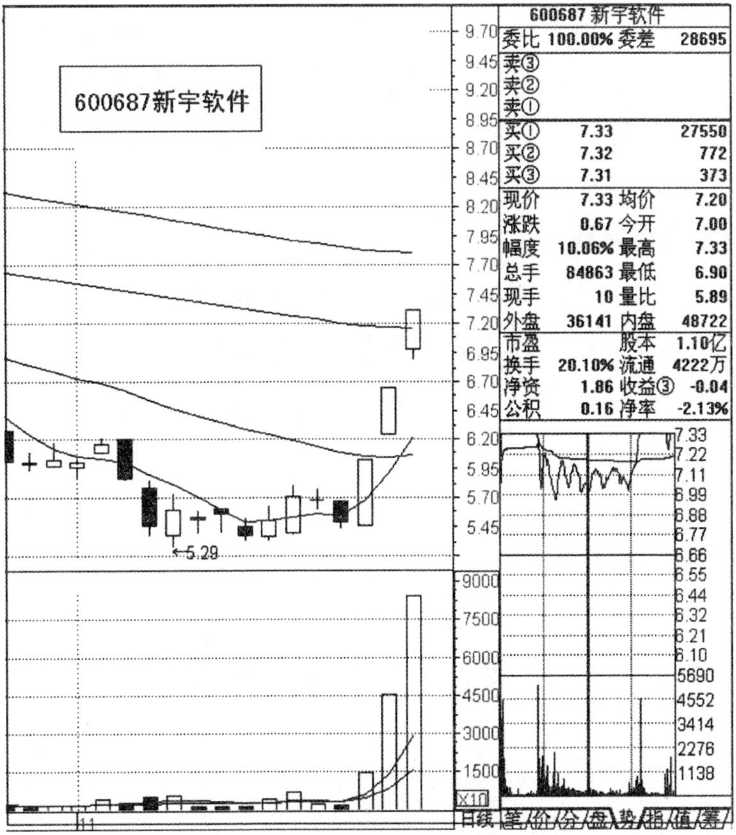

图 1-4

少，可以坚决跟进。第二天大幅跳空高开封住涨停，来势非常凶猛。第三天高开7%在一分钟内就封住涨停了，可是经过前面连续涨停之后有很多获利盘，因此，波动比较大，盘中曾一度打开涨停板，尾市在上海梅林坚决做多的涨停刺激下，终于涨停报收。后市仍跟同一板块有明显的联动，继续上攻。科技网络板块联动效应通常比较明显，特别是低价的成长科技股更具有潜力，暴涨黑马不断涌现。因此，在科技股实际操作当中更要考虑价格便宜的原则。

【实战策略精要】

（1）不要孤立看待一个股票的走势。

（2）跳空越大，涨停越快，主力越强。

（3）上涨途中的激烈震荡是不可避免的，关键要看结果。

（4）流通盘5000万以下的小盘股涨停最好保持7%的换手率。

第三节　涨升习惯

我们在长期的操作过程中，找到了一些比较稳健的赢利模式。其中的一种非常值得读者应用，而且学起来很方便，容易掌握。那就是生命线托。我们把24

日移动平均线叫做生命线，把股票看成是有生命的事物，主力机构运作在此线上面的就等于该股有生命力，可能茁壮成长；在此线之下就是失去活力的股票，短线暂时不关注此类个股；生命线在20日移动平均线和30日移动平均线之间，是出色的机构投资者常用的中庸之道。做上涨波段的大盘股很多都是以该生命线作为依托，在此线之上就是有生命的，在此线之下，三天之内不能重上该线上方，那我们则判断为主力出货，后市不看好。在已经走上升通道的股票中找出均线多头的股票精心研究发现一个相同特征，能够把握最好的赚钱机会，那就是上涨习惯，即股价的上涨总是有个过程。

古老的定律，股市内在的规律。在不同的时间在循环着，一直没有停止过。只是知道的人不想说，或者无法用语言来表达。只可意会，不可言传！也许，做股票都需要一定的时间来实际磨练。但是也有速成的方法。快速掌握必要的看盘技巧，理解主力的上涨习惯，涨升个股就是我们要重点锁定的目标。

炒股最重要的就是投资理念、投资心态，还有选好个股。大多投资者在亏损的情况下不知道如何才好。一片茫然之中，涨了还想涨多一点，跌了就想，等一会就可能会反弹了！可是错过了机会之后呢，一套就是几块钱，有的甚至套住七八元的。麻木的已经不能再说什么了，偶尔有一个反弹涨停，都看不到投资者脸上有一丝笑容！离解套的价格还远着呢！下面介绍大家比较熟悉的一只股票中兴通讯(000063)，也许可以让大家知道股票是有它的性格的，那就是股性。了解股性就是了解我们要参与能赚钱的上涨习惯。主力机构的运作是有一定习惯的。

【看图分析解密】 (图 1–5)

中兴通讯(000063)行业分类属于通信及相关设备

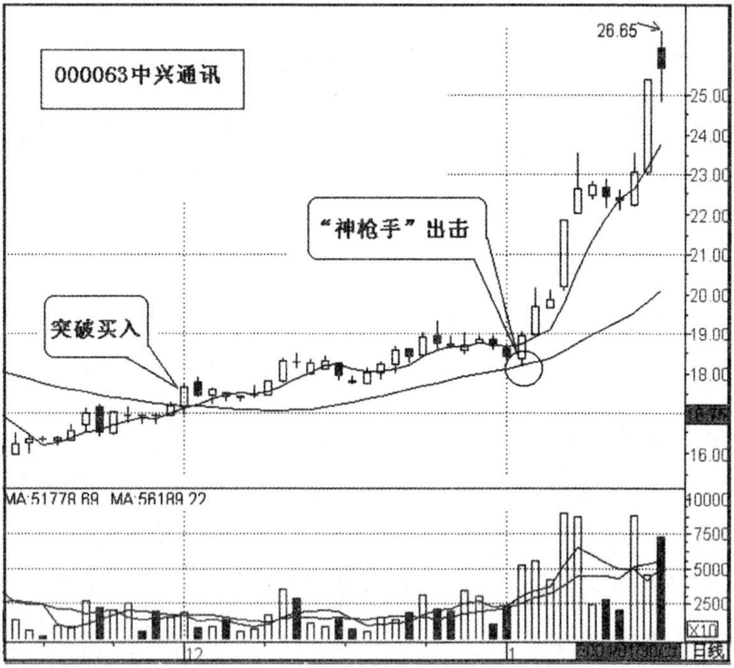

图 1–5

制造业，主营范围：生产程控交换系统，多媒体通讯系统，通讯传输系统及电子设备，计算机系统的软硬件、微电子器件。属于高科技板块当中的高速增长企业，一直以蓝筹股的形象出现在投资者面前。确实该公司的业绩一直没有让投资者失望，高送配一直给投资者好的收益。这种上涨习惯一直没有改变，那就是送配之前上涨或者送配之后填权。该股上涨最大的特征就是股价越是上涨得快反而是最好的短线快进快出的时机。赚钱的人总是在它拉出大阳线连续上涨的时候介入，短期就获利非常丰厚了。我们的操作也有自己的习惯，就是在上涨过程中受到支持就要有勇气大胆介入，在疯狂的时候却逃命最快，这也是使我们没有能够卖到最高的缘故。通常都是我们卖出之后，股价还继续上涨一段。但是，我们抓住了上涨的特征还是很顺利获利出局了。始终没有后面暴涨之后暴跌的痛苦。习惯自己思考，自己研究，同时利用机构投资者的分析优势，进行快速的运作。短线成功赚钱的能力就是这样长期对股票上涨习惯的研究得到升华的。通过看图训练之后，对于股价的动作或者上涨的习惯就做到心中有数了。中兴通讯经常很短时间出现涨 10 块钱的情况，投资者可抓住的机会其实很多。

【实战策略精要】

（1）股价沿着5日移动平均线上升的时候开始留意。

（2）小阳小阴的组合K线图是加速之前的征兆。

（3）向上跳空缺口是强势股的最常见特征，不回补更强。

（4）光头大阳线可能是股价起飞的开始，成交量必须放大。

第二章　习　惯

我们在未来的股票操作中如何能够长期获利呢？笔者认为一定要在自己操作的习惯上下功夫。当你习惯了像实战高手一样的思维和操作时，你就会取得比较完美的盈利效果。借鉴成功投资者的理念和方法，会发现原来赚钱竟是如此简单。为了让读者养成良好的习惯，我们一直强调“做有把握的股，赚能力范围内的钱”。经常保持空仓的操作习惯，灵活机动地掌握资金作战的主动权。如果你保持了一种良好的习惯，相信你对自己也会非常有信心了。长期的盘后复盘分析，做好功课，是操盘人必须做的工作。每天看盘 4 个小时，复盘两个小时，星期六日总结一周，周而复始，磨炼出真正的实战高手。但是，坚持一天、一周比较容易，如果坚持一至三年就不是很多人能够做到了。用机构操盘手的习惯去看盘，你的思维会出现非常清晰的理解大盘的含义。个股的习惯也就是通常所说的股性，也是通过它在市场上的波动来判断和认识的。为了节省大家的时间，快速达到提高操作水平的目的，本章应是投资者最重点反复研究的内容。用实战家的战略，用宁波人的前瞻，用高手的技巧，你不用再为亏损而犯愁。我们的习惯就是赚钱。想达到高手的境界，没有别的捷径，唯一的办法就是刻苦训练。背书，像当年你考试一样，把主要的技巧背熟，像背历史一样，至于应用自如是在熟练的基础上的。所谓熟能成巧。当达到“巧”字时，别人看到你的操作时就会认为你是碰巧出货出了高位，买货买得及时。为了能让读者实战进步更快，我的助手雪峰先生将免费传授内部资料技巧，亲自带学员进行实战训练。随着实战策略的学员进步神速，高级会员获利丰厚。我们始终坚持生存第一，赚钱第二的原则，因此赚钱是不可避免的。正如股票大师彼得林奇成功把麦哲伦公司在 10 年里习惯调研一样把公司管理的资金从 2000 万达到 90 亿。其实他只是坚持自己的理念而已。唯一成功的秘诀就是调研。在股市当中，其实很多操作手法都没有真正地改变过，暴涨和暴跌只要行情配合，个股的主力就会重新卷土重来。主力或者是做市商其实一直在股市里存在着，曾经轰动一时的“后庄家时代”或者“庄家时代已经结束”等论调在牛市来临的时候不攻自破。只要有中国股市，就一定有庄家，庄家无处不在，机构无处不在，只要有利润所在。资金的唯一习惯就是逐利。

第一节　板块掘金

本节是本书上篇之中最重要的一部分，把到目前为止的股票进行归类，为读者一个非常好的赚钱字典。我们用自己的实战经验大致划分几个非常重要的价值行业或板块，还有就是要临场作战时的“热点联想”“板块联动”。当有一只股票涨停时，你要第一时间知道什么股票的板块和图形、题材等与之相同，这是实战的必需。由于大多数投资者都不是很专业的职业投资者，对股票的涨跌总是没有任何超前的感觉。永远坚持理性投资原则。如果已经被基金拉到高耸入云的蓝筹股。难保你不会碰到第二个银广夏、东方电子、亿安科技、蓝田股份、四川长虹、环保股份，当年无限风光，也是机构基金重仓股，与现在的蓝筹股没有一点分别，结果呢？谁能保证现在的所谓蓝筹不会变脸？也不可否认真的出现中国的微软年年都上涨的，但毕竟是少数。变数太多时，我们宁愿选择短线操作，将注意力集中在价值被低估的、低价、底部的“3D”个股中，寻找明天的涨停股。把握好“3D”原则，想不赚钱都难！最后的工作就是看推动股价上涨的最主要资金力量——成交量了。

核心价值投资在 2003 年得了到市场的进一步强

化，以业绩的预期，以行业的景气度作为基金和大机构为主流的投资模式得到前所未有地广泛认同。简单技术派的分析已经无法跟深度行业板块分析相比拼。不是投资者的素质问题，而是理性投资的趋势无法阻挡地来到我们中国投资者面前。四处游荡点评股票的廉价股评无法接受这一事实，而核心价值、深度分析、板块轮炒、热点多元化已经开始形成一定的拥戴者。

要形成超前的投资理念，如果你还是亏损大户，请马上转变观念严格实行系统的操盘训练，认真执行本书中的进出原则。笔者相信你很快就可以东山再起了。我们已经指导了很多读者扭亏为盈。坚强的意志力，扎实的基本功是获利的关键。未来一段时间内前景看好的行业不是谁都能阻挡的，因此，要说预测还不如说是归纳。战胜心态弱点，忍常人所不能忍，大胆出击非常有把握的黑马。跟进当前最热的焦点黑马。快进快出，踏准节奏。获利是通过汗水换来的。

重点关住板块联动，随时翻阅。发财是你不可避免的。

以下简单介绍有色金属、石化、电力及电力设备、交通运输、工程机械、电子元器件、通讯电子、数字电视、汽车、钢铁等十大板块。

一、有色金属行业

由于美国等西方经济体的经济复苏和中国经济持

续高速发展及前两年部分生产企业限产保市措施的实施，2004年有色金属价格整体出现回升并强劲上扬，并且其上涨的态势迅猛。而整个有色金属行业的复苏必将给上市公司的经验业绩带来积极的影响，甚至有相当多的公司业绩已经出现或即将出现大幅增长。该行业的业绩出现了明显的拐点值得我们加大关注力度。

有色金属行业个股：

区间报表按涨跌排名

(2003年1月1日至2004年1月16日)

(单位：元)

序	代　码	证券名称	涨跌幅度	前开盘	最高	最低	收盘	成交金额
1	600205	山东铝业	161.89%	7.40	21.38	7.41	19.38	55.33亿
2	600362	江西铜业	91.04%	4.13	9.08	4.10	7.89	84.51亿
3	000630	铜都铜业	63.91%	5.57	9.70	5.54	9.13	30.35亿
4	600432	吉恩镍业	63.53%	8.50	16.20	8.59	13.90	53.27亿
5	000612	焦作万方	59.27%	4.12	6.67	4.08	6.56	28.42亿
6	600547	山东黄金	58.19%	10.19	18.33	10.35	16.12	49.94亿
7	600357	承德钒钛	58.07%	6.63	11.65	6.52	10.48	58.23亿
8	000960	锡业股份	46.55%	5.72	9.35	5.54	8.38	21.17亿
9	000878	云南铜业	37.65%	4.17	6.40	4.13	5.74	22.05亿
10	600489	中金黄金	31.96%	7.76	11.68	7.65	10.24	69.60亿
11	600296	兰州铝业	27.76%	7.96	12.16	1.87	10.17	45.00亿
12	000831	关铝股份	27.19%	5.26	7.33	5.00	6.69	22.86亿
13	000751	锌业股份	22.49%	4.58	6.02	4.38	5.61	19.91亿
14	600595	中孚实业	19.28%	8.21	11.00	7.34	9.79	19.98亿
15	600549	厦门钨业	16.13%	14.51	17.80	13.19	16.85	14.21亿
16	000807	云铝股份	5.27%	7.59	8.95	6.52	7.99	26.60亿
17	600456	宝钛股份	3.86%	11.40	14.40	8.59	11.84	26.76亿
18	000962	东方钽业	3.01%	8.31	10.50	6.04	8.56	29.20亿
19	600184	新华光	-3.05%	10.50	10.76	8.10	10.18	9.37亿

续表

序	代　码	证券名称	涨跌幅度	前开盘	最高	最低	收盘	成交金额
20	000633	合金投资	-3.13%	29.49	31.02	28.40	28.57	43.83 亿
21	000961	大连金牛	-3.95%	5.31	6.73	4.61	5.10	10.11 亿
22	000762	西藏矿业	-6.73%	6.69	8.48	4.91	6.24	14.29 亿
23	600111	稀土高科	-8.11%	8.76	10.25	6.36	8.05	12.51 亿
24	000594	ST 宏峰	-10.30%	4.95	6.17	3.48	4.44	32.87 亿
25	600888	新疆众和	-16.50%	12.91	15.15	7.83	10.78	10.43 亿
26	600459	贵研铂业	-20.37%	15.02	16.65	8.64	11.96	24.64 亿
27	600255	鑫科材料	-30.65%	14.16	16.35	8.06	9.82	4.83 亿

投资者可以非常清晰地从以上区间统计报表中发现有色金属板块的整体运行情况。按照我们宁波软件简单的统计，像山东铝业(600205)、江西铜业(600362)这样的品种已经创出历史新高，相继创出新高的品种有待于读者自己去挖掘。所谓板块掘金就是在目前业绩出现大幅增长而股价涨幅不大的个股中进一步研究潜力个股，值得我们在日后的行情中重点关注。同一板块的黑马白马都已经大幅上涨，那该板块的“3D”品种就是我们动态监测和关注的焦点。

但是有一些老庄股，我们是坚决不建议大家去买的，例如合金投资(000633) 是操作了 6 年之久的老庄股。

二、石化行业

我们注意到石化行业或者石化工业的发展都是有一定的时间周期性的。一般每 7～9 年为一个周期。对于该行业的周期，笔者不想评述太多。我们只想把机构研究总部的研究报告告诉大家，按照行业自身的正常发展规律，2002～2004年应该是石化行业周期的繁荣期。但是，由于全球的东西都是动态的，亚洲金融风暴、美国的“9.11”事件等突发事件影响了全球的原油价格和石油化工产品价格。很多石化项目由于资金问题被迫推迟上马，原来的发展周期被打乱，2002年开始进入上升周期，因此，本次石化行业发展周期的高峰期也顺延到来。由于伊拉克战争等事件，石油和能源类更加受到机构的关注。预计2～3年内，随着全球经济的复苏，世界对石化产品的需求将进入高速增长阶段。因此，我们可以从2003年该板块的上市公司业绩和经营情况直接反映出该行业的状况。

石化行业个股：

区间报表按涨跌排名

(2003年1月1日至2004年1月16日)

(单位：元)

序	代　码	证券名称	涨跌幅度	前开盘	最高	最低	收盘	成交金额
1	000866	扬子石化	141.41%	4.54	11.83	4.48	10.96	174.76亿
2	600002	齐鲁石化	137.67%	3.69	9.16	3.65	8.77	91.41亿
3	600688	上海石化	108.88%	3.04	7.14	3.02	6.35	118.93亿
4	600028	中国石化	85.61%	2.85	5.97	2.84	5.29	429.58亿
5	000817	辽河油田	49.85%	6.80	11.09	6.75	10.19	108.76亿
6	600764	三星石化	47.90%	5.48	8.34	4.50	8.11	26.15亿
7	600871	仪征化纤	37.42%	4.07	6.10	4.05	5.60	43.94亿
8	000677	山东海龙	28.83%	6.52	8.60	5.58	8.40	9.53亿
9	000912	泸天化	26.63%	5.94	7.86	5.69	7.52	28.17亿
10	000698	沈阳化工	25.84%	4.76	6.26	4.60	5.99	27.62亿
11	000956	中原油气	25.65%	9.02	12.40	8.98	11.33	116.53亿

续表

序	代　码	证券名称	涨跌幅度	前开盘	最高	最低	收盘	成交金额
12	000783	石炼化	25.64%	3.90	5.20	3.84	4.90	25.21 亿
13	600352	浙江龙盛	19.46%	11.10	13.61	10.80	13.26	17.63 亿
14	000520	中国凤凰	16.70%	4.73	6.27	4.42	5.52	31.13 亿
15	000763	锦州石化	16.57%	4.95	6.44	4.58	5.77	24.37 亿
16	600301	南化股份	14.17%	6.35	8.47	5.89	7.25	9.20 亿
17	000728	北京化二	13.90%	5.18	7.40	4.95	5.90	18.17 亿
18	000554	泰山石油	12.02%	9.32	13.07	9.10	10.44	39.63 亿
19	000420	吉林化纤	11.84%	4.56	5.60	4.16	5.10	14.97 亿
20	600874	创业环保	10.99%	6.68	8.08	6.15	7.42	12.56 亿
21	000406	石油大明	8.53%	7.62	9.40	7.00	8.27	56.17 亿
22	000822	山东海化	7.80%	6.92	8.60	5.95	7.46	22.07 亿
23	000096	广聚能源	5.56%	6.94	8.94	6.07	7.33	35.55 亿
24	600656	华源制药	5.05%	9.21	13.15	8.60	9.68	14.31 亿
25	000731	四川美丰	-0.71%	9.92	11.58	7.33	9.85	13.93 亿
26	600423	柳化股份	-2.90%	8.63	9.00	7.13	8.38	13.32 亿
27	000422	湖北宜化	-4.88%	7.78	8.69	5.94	7.40	6.33 亿
28	000407	胜利股份	-5.61%	5.70	6.98	4.67	5.38	8.87 亿
29	000830	鲁西化工	-5.71%	7.70	9.47	5.85	7.26	7.78 亿
30	000637	茂化实华	-6.12%	13.73	14.53	12.43	12.89	9.01 亿
31	600727	鲁北化工	-6.65%	7.82	9.19	6.39	7.30	10.00 亿
32	000707	双环科技	-9.36%	4.70	6.35	3.82	4.26	25.28 亿
33	600579	黄海股份	-10.79%	7.97	11.60	5.56	7.11	29.91 亿
34	000818	锦化氯碱	-11.04%	4.89	6.80	3.94	4.35	12.35 亿
35	000059	辽通化工	-11.04%	4.98	6.05	3.79	4.43	13.86 亿
36	000565	渝三峡	-11.84%	7.35	10.25	5.57	6.48	10.60 亿
37	000683	天然碱	-12.47%	4.81	5.92	3.80	4.21	9.30 亿
38	600299	星新材料	-12.78%	9.31	11.28	6.30	8.12	13.16 亿
39	000668	武汉石油	-13.81%	10.79	12.91	8.74	9.30	5.75 亿
40	000861	茂化永业	-13.90%	7.77	10.29	5.66	6.69	7.74 亿
41	000609	燕化高新	-14.36%	9.12	12.49	6.95	7.81	6.97 亿
42	000791	西北化工	-15.51%	6.06	8.15	3.85	5.12	9.20 亿
43	600636	三爱富	-19.13%	10.56	11.47	7.30	8.54	8.03 亿
44	600173	牡丹江	-19.13%	5.75	8.13	4.29	4.65	10.61 亿

续表

序	代　码	证券名称	涨跌幅度	前开盘	最高	最低	收盘	成交金额
45	600618	氯碱化工	-19.64%	10.49	12.75	6.61	8.43	6.70 亿
46	600409	三友化工	-21.66%	8.31	8.42	5.69	6.51	18.53 亿
47	000953	河池化工	-25.76%	5.25	7.28	3.22	3.90	22.68 亿
48	000510	金路集团	-30.74%	6.63	6.90	3.58	4.59	115.74 亿
49	000719	焦作鑫安	-31.74%	7.34	10.23	4.57	5.01	7.49 亿
50	000506	东泰控股	-33.09%	11.18	11.91	7.00	7.48	6.60 亿
51	000819	岳阳兴长	-36.29%	10.58	12.01	5.99	6.74	4.94 亿
52	000627	百科药业	-66.24%	10.07	12.85	3.05	3.40	48.14 亿

三、电力及电力设备行业

我国经济继续保持良好的发展态势，导致电力需求 2003 年迅速扩张，供需缺口明显扩大。尤其是夏季和冬季，在全国大范围出现的电荒，许多地方出现了拉闸限电现象，从而让人们对电力行业上市公司的业绩增长充满期待。而对于电力设备板块投资价值要比电力行业更加明显和突出。在发电设备企业当中就有乌鸡变凤凰的传奇——ST 东锅(600786)。还有更多电力设备潜力黑马等待读者去挖掘。可以说电力以及电力设备行业是国际大机构和国内机构都认同的价值投资行业。成为机构认同度最高的行业就会出现不断锁仓的现象。某些机构中线看好批量买进之后就不动了，等到一个指数到达一个相对高位或者出现加速放量拉升的时候才一次性清仓出货。像香港的一些国际炒家在获利丰厚之后套现出局。可以预见该行业在 2004 年也会出现不少黑马。

电力行业：

区间报表按涨跌排名

(2003年1月1日至2004年1月16日)

(单位：元)

序	代 码	证券名称	涨跌幅度	前开盘	最高	最低	收盘	成交金额
1	200037	深南电B	125.13%	4.42	10.30	4.41	9.96	11.99亿
2	600863	内蒙华电	92.65%	3.67	7.38	3.62	7.08	58.78亿
3	600011	华能国际	75.24%	10.50	19.68	10.21	18.40	99.77亿
4	200539	粤电力B	71.43%	3.92	7.05	3.91	6.72	47.64亿
5	600795	国电电力	67.43%	7.00	12.85	6.38	11.72	90.32亿
6	600642	申能股份	66.13%	8.77	15.43	8.60	14.57	121.82亿
7	000531	穗恒运A	64.29%	6.02	10.63	5.98	9.89	20.38亿
8	000037	深南电A	63.09%	9.32	15.75	9.18	15.20	24.51亿
9	900949	东电B股	58.72%	0.538	0.891	0.531	0.854	4.29亿
10	000027	深能源A	52.58%	6.01	9.88	6.00	9.17	94.25亿
11	000875	吉电股份	50.43%	4.05	6.70	4.01	6.10	175.23亿
12	900937	龙电B股	46.50%	0.469	0.723	0.468	0.687	2.35亿
13	600900	长江电力	41.57%	6.23	9.55	6.14	8.82	197.71亿
14	000968	神州股份	41.17%	5.83	8.81	5.10	8.23	18.89亿
15	000601	韶能股份	40.16%	6.20	10.20	6.13	8.69	32.48亿
16	000543	皖能电力	38.45%	5.73	8.86	5.67	7.94	22.73亿
17	600101	明星电力	28.28%	9.97	13.20	9.78	12.77	17.33亿
18	000939	凯迪电力	27.51%	11.05	14.26	9.63	14.09	17.49亿
19	600021	上海电力	25.62%	8.51	11.35	8.55	10.69	93.37亿
20	600726	龙电股份	24.33%	5.63	8.25	5.50	7.00	27.06亿
21	000767	漳泽电力	23.76%	8.01	11.63	7.82	9.91	20.56亿
22	000966	长源电力	19.66%	6.56	9.12	6.55	7.85	16.79亿
23	600098	广州控股	16.53%	10.10	12.48	8.81	11.77	52.15亿
24	600505	西昌电力	14.88%	5.73	7.66	5.04	6.58	28.07亿
25	600131	岷江电力	13.82%	4.79	7.01	4.48	5.45	12.94亿
26	600236	桂冠电力	13.66%	9.81	13.53	8.66	11.15	32.80亿
27	600744	华银电力	10.44%	5.50	6.85	4.25	6.07	23.62亿
28	600509	天富热电	8.66%	6.39	9.03	5.50	6.94	13.75亿
29	000534	汕电力A	8.64%	5.90	7.88	5.61	6.41	8.73亿

续表

序	代　码	证券名称	涨跌幅度	前开盘	最高	最低	收盘	成交金额
30	600578	京能热电	8.02%	7.66	11.48	6.51	8.28	46.65 亿
31	000539	粤电力 A	7.52%	9.57	12.12	9.26	10.29	51.72 亿
32	000426	富龙热电	3.48%	6.33	8.85	6.00	6.00	8.70 亿
33	000692	惠天热电	1.50%	6.02	7.99	5.20	6.11	11.37 亿
34	001896	豫能控股	0.15%	6.47	8.26	5.54	6.48	6.92 亿
35	600292	九龙电力	-1.12%	11.60	14.65	9.65	11.47	11.36 亿
36	000958	东方热电	-1.42%	7.02	8.89	5.51	6.92	32.49 亿
37	600644	乐山电力	-3.76%	7.18	8.35	6.50	6.91	8.11 亿
38	600121	郑州煤电	-4.13%	7.26	8.29	5.00	6.96	52.93 亿
39	600864	岁宝热电	-5.36%	7.28	10.32	5.81	6.89	11.61 亿
40	600310	桂东电力	-7.26%	12.53	14.48	9.20	11.62	9.87 亿
41	600719	大连热电	-8.81%	7.04	10.21	5.11	6.42	12.2 亿
42	000993	闽东电力	-9.17%	6.76	8.75	5.41	6.14	11.02 亿
43	000585	ST 东北电	-11.28%	3.90	4.91	3.17	3.46	24.33 亿
44	600116	三峡水利	-26.23%	9.15	11.55	6.40	6.75	21.81 亿
45	000532	力合股份	0.00	7.76	9.45	6.35	7.76	15.92 亿

电力设备：

区间报表按涨跌排名

(2003 年 1 月 1日至 2004 年 1 月 16 日)

(单位：元)

序	代　码	证券名称	涨跌幅度	前开盘	最高	最低	收盘	成交金额
1	600786	ST 东锅	161.13%	7.95	21.70	7.31	20.76	25.20 亿
2	200770	武锅 B	64.86%	3.13	5.26	2.86	5.16	8.56 亿
3	600875	东方电机	64.05%	6.12	10.73	6.07	10.04	17.47 亿
4	600089	特变电工	52.21%	7.70	12.39	7.50	11.72	17.13 亿
5	600879	火箭股份	52.08%	6.75	10.50	6.63	10.26	34.90 亿
6	000400	许继电器	46.93%	7.50	11.09	7.37	11.02	35.21 亿
7	600406	国电南瑞	20.57%	15.90	19.80	12.96	19.17	12.09 亿
8	000723	天宇电气	1.03%	7.75	10.00	6.67	7.83	8.79 亿
9	600192	长城电工	-4.56%	5.92	7.18	4.55	5.65	6.23 亿
10	600268	国电南自	-5.27%	11.19	14.10	8.45	10.60	7.74 亿

读者可以从我们给大家的统计报表中轻松发现中线的黑马和价值投资的主流资金动向。

四、交通运输业

从国际形势来看，国际航运正在复苏阶段，国际航运市场从2003年第二季度后逐渐好转，波罗的海散货运输指数(BDI指数)和上海航交所中国出口集装箱运价指数持续上升，带动了世界海运市场指数的上扬，而近期BDI指数更是达到了过去十年以来的历史最高位。另一方面，我国对矿砂和煤炭的庞大需求，已成为租船市场一股巨大的动力，推动矿物和其他消费品货运市场运输租金上升。由西澳洲至中国的散货航线巴拿马型散货船日租金已上升至4.8万美元，创下近年来运费新高，经营散货船的老船东激动地介绍说："30年来还没有见过这种火爆现象。"另外，国内最红火的行业——钢铁、电力及电力设备行业的高速增长恰好成就了航运业以及交通运输业，成品油、煤、铁矿石等货源量的高速增长使我们不得不关注海运以及生产集装箱的企业。

交通运输业个股：

区间报表按涨跌排名

(2003年1月1日至2004年1月16日)

(单位：元)

序	代　码	证券名称	涨跌幅度	前开盘	最高	最低	收盘	成交金额
1	200022	深赤湾B	144.82%	5.60	14.65	5.58	13.71	15.42亿
2	200039	中　集B	123.05%	6.68	15.48	6.51	14.90	21.81亿

续表

序	代　码	证券名称	涨跌幅度	前开盘	最高	最低	收盘	成交金额
3	600018	上港集箱	100.26%	7.78	16.34	7.51	15.59	207.32 亿
4	000022	深赤湾 A	88.08%	11.02	21.51	10.96	20.73	19.56 亿
5	600591	上海航空	81.42%	6.19	11.60	6.14	11.23	104.51 亿
6	200024	招商局 B	70.65%	4.94	8.50	4.89	8.43	10.25 亿
7	600009	上海机场	64.37%	6.55	11.17	6.49	10.76	109.28 亿
8	600087	南京水运	61.23%	4.64	8.20	4.56	4.56	32.24 亿
9	000088	盐田港 A	59.97%	15.60	26.07	15.47	24.95	46.70 亿
10	600270	外运发展	56.03%	10.12	17.25	9.89	15.79	31.97 亿
11	600717	天津港	55.58%	8.24	13.40	8.14	12.82	58.54 亿
12	600029	南方航空	55.50%	3.91	6.30	3.75	6.08	142.90 亿
13	000039	中集集团	49.71%	14.02	22.28	13.30	20.99	50.46 亿
14	000024	招商局 A	45.50%	8.65	12.83	8.60	12.59	31.71 亿
15	200053	深基地 B	30.98%	5.39	7.27	5.01	7.06	4.47 亿
16	000089	深圳机场	25.80%	8.10	10.89	8.00	10.19	65.61 亿
17	600004	白云机场	25.29%	7.71	10.09	7.76	9.66	148.36 亿
18	600033	福建高速	25.08%	6.69	9.63	6.57	8.37	78.46 亿
19	900952	ST 锦港 B	24.28%	0.486	0.638	0.386	0.604	0.88 亿
20	600428	中远航运	21.89%	8.45	10.48	7.05	10.30	32.64 亿
21	600768	宁波富邦	17.02%	12.76	16.17	12.41	14.93	5.06 亿
22	200152	山　航 B	15.36%	3.58	4.54	2.16	4.13	8.47 亿
23	600125	铁龙股份	15.19%	8.02	9.40	6.71	9.24	16.84 亿
24	000700	模塑科技	12.65%	5.34	8.19	5.07	6.01	29.51 亿
25	600798	宁波海运	12.23%	5.97	7.13	5.23	6.70	8.34 亿
26	900903	大众 B 股	8.46%	0.704	0.839	0.626	0.764	0.82 亿
27	600317	营口港	7.82%	8.75	11.42	7.32	9.43	52.45 亿
28	000099	中信海直	6.63%	8.93	10.29	7.57	9.52	10.72 亿
29	600221	海南航空	5.98%	5.18	7.35	4.01	5.49	54.70 亿
30	600787	中储股份	5.11%	6.16	7.74	5.38	6.48	6.37 亿
31	600115	东方航空	4.83%	4.35	5.58	3.80	4.56	39.34 亿
32	600896	中海海盛	3.95%	6.08	7.85	5.18	6.32	9.90 亿
33	600386	北京巴士	2.23%	11.65	13.72	9.98	11.91	13.39 亿
34	600662	强生控股	-1.30%	7.69	9.29	6.68	7.59	20.74 亿
35	600635	大众公用	-3.00%	7.00	8.45	5.50	6.79	34.11 亿

续表

序	代　码	证券名称	涨跌幅度	前开盘	最高	最低	收盘	成交金额
36	900945	海航 B 股	-5.37%	0.595	0.777	0.430	0.563	0.32 亿
37	000753	漳州发展	-6.33%	5.53	7.20	4.48	5.18	20.18 亿
38	600741	巴士股份	-8.00%	5.00	6.18	4.14	4.60	19.09 亿
39	600611	大众交通	-8.86%	8.58	10.02	6.68	7.82	12.17 亿
40	600279	重庆港九	-12.34%	9.89	12.06	7.20	8.67	28.78 亿
41	600368	五洲交通	-12.74%	7.85	9.16	5.60	6.85	5.72 亿
42	600263	路桥建设	-14.63%	8.20	10.38	6.15	7.00	16.52 亿
43	000582	北海新力	-15.60%	7.18	8.95	4.62	6.06	6.83 亿
44	600897	厦门机场	-15.98%	9.89	11.45	7.38	8.31	8.90 亿
45	000421	南京中北	-24.37%	6.77	8.25	4.56	5.12	7.80 亿
46	600575	芜湖港	-24.70%	12.47	12.94	7.53	9.39	22.49 亿
47	200057	ST 大洋 B	-26.54%	2.11	2.81	1.33	1.55	2.90 亿
48	600692	亚通股份	-28.16%	10.26	12.28	6.35	7.37	10.20 亿
49	600561	江西长运	-28.58%	13.75	16.01	8.48	9.82	14.04 亿
50	900938	ST 天海 B	-30.30%	0.485	0.569	0.297	0.338	0.50 亿
51	000996	捷利股份	-31.52%	10.85	12.88	6.90	7.43	5.67 亿
52	600751	ST 天　海	-32.36%	6.15	7.42	3.81	4.16	7.15 亿
53	600369	长运股份	-37.68%	7.83	9.39	4.36	4.88	12.93 亿
54	000004	北大高科	-42.96%	14.34	16.85	7.25	8.18	7.73 亿

五、工程机械行业

工程机械行业已成为机械行业中销售收入增长最快的子行业。预计 2004 年工程机械行业虽然不会像 2002 年那样出现“井喷”现象，但仍然会保持 30%左右增长。就具体上市公司而言，尤其可以看好混凝土机械、液压挖掘机行业中成长性良好的上市公司，如中联重科(000157)、常林股份(600710)、三一重工(600031)，桂柳工(000528)。虽然目前从事的装载机行业技术含量比较低、行业风险相对较大，但是凭借其在行业中强大的生产和销售能力，将稳坐装卸机行业的头把交椅。同时，以推土机为主的山推股份(000680) 以及生产叉车为主的安徽合力(600761) 均值得我们关注。由于我国加大内需重点、加大基础设施建设速度给工程机械行业带来了很好的政策预期。宏观经济发展的态势以及国民经济高速增长给我们一个很好的发展空间。

工程机械行业个股：

区间报表按涨跌排名

(2003 年 1 月 1 日至 2004 年 1 月 16 日)

(单位：元)

序	代　码	证券名称	涨跌幅度	前开盘	最高	最低	收盘	成交金额
1	000528	桂柳工 A	75.72%	6.59	12.40	6.52	11.58	66.62 亿
2	000157	中联重科	69.98%	8.46	14.57	8.35	14.38	24.94 亿
3	000923	河北宣工	64.32%	7.23	11.98	6.80	11.88	13.37 亿
4	600710	常林股份	55.03%	5.91	10.40	5.86	9.17	85.57 亿
5	600761	安徽合力	27.08%	5.85	8.93	5.70	7.43	39.92 亿
6	000680	山推股份	25.36%	7.69	11.27	7.60	9.64	75.17 亿
7	600031	三一重工	20.87%	23.00	29.10	21.04	27.80	37.36 亿
8	600162	山东临工	2.32%	7.32	9.41	6.06	7.49	10.60 亿
9	600815	厦工股份	-21.68%	7.61	8.83	5.54	5.96	27.14 亿
10	600335	中发展	-28.87%	9.70	11.39	5.86	6.90	4.60 亿
11	000425	徐工科技	-63.05%	17.35	17.67	5.28	6.41	47.61 亿

六、电子元器件

广东新闻报道深圳很多民营高科企业将成为广东经济增长的龙头产业，企业的发展速度非常迅猛，成为广东 2010 年实现现代化的有力保障。随着个人电脑、手机、数字化家电、便捷式音乐播放器等电子产品的爆炸性增长，刺激了芯片、集成电子器件等电子元器件销售地大幅增长。预计未来几年，我国电子元器件仍将继续在信息高科技产业的带动下保持高速发展。2004年春节之前的行情已经有一些电子元器件的股票大幅攀升。其中赛格三星(000068)、上海贝岭(600171)、士兰微(600460)、京东方、深天马A(000050)等电子元器件表现突出，大幅上扬经常有涨停出现。如果同一板块的个股也出现补涨，那该板块全面升温的可能也是有的。先看行业前景，再看业绩预期，最后看K线图，价量关系，最后决定操作时机。也许你很快就成为板块掘金的高手，日进斗金！

电子元器件个股：

区间报表按涨跌排名

(2003年1月1日至2004年1月16日)

(单位：元)

序	代　码	证券名称	涨跌幅度	前开盘	最高	最低	收盘	成交金额
1	200725	京东方B	118.79%	3.58	8.26	3.50	7.84	29.02亿
2	000725	京东方A	105.90%	7.86	17.32	7.78	16.18	36.20亿
3	600183	生益科技	74.80%	6.15	10.83	5.89	10.75	38.20亿
4	000068	赛格三星	63.83%	7.05	11.80	6.33	11.55	45.61亿
5	600707	彩虹股份	58.50%	6.82	10.85	6.82	10.81	30.28亿
6	000533	ST万家乐	54.08%	3.68	5.90	3.63	5.67	17.46亿
7	600602	广电电子	51.00%	7.98	12.75	7.04	12.05	169.54亿
8	000050	深天马A	42.90%	11.05	15.89	9.35	15.79	13.46亿
9	600747	大显股份	34.76%	5.03	6.95	4.56	6.78	57.04亿
10	900901	上电B股	29.65%	0.589	0.784	0.579	0.764	1.46亿
11	600460	士兰微	27.41%	20.10	25.88	15.45	25.61	15.38亿
12	600207	安彩高科	25.33%	8.25	10.77	7.49	10.34	64.06亿

续表

序	代　码	证券名称	涨跌幅度	前开盘	最高	最低	收盘	成交金额
13	200058	深赛格 B	20.52%	3.07	3.88	2.96	3.70	10.70 亿
14	600171	上海贝岭	14.53%	10.98	12.96	7.75	12.57	90.58 亿
15	600637	广电信息	12.80%	10.55	13.78	8.51	11.90	79.08 亿
16	600652	爱使股份	10.15%	6.80	9.38	5.37	7.49	62.85 亿
17	600206	有研硅股	4.42%	11.32	14.57	8.99	11.82	6.75 亿
18	600557	精达股份	2.48%	9.17	11.04	6.75	9.40	14.25 亿
19	600627	电器股份	2.00%	10.48	13.58	8.61	10.69	15.69 亿
20	000988	华工科技	0.77%	12.94	18.40	9.98	13.04	37.42 亿
21	600517	置信电气	0.16%	12.30	13.55	8.77	12.32	13.11 亿
22	600654	飞乐股份	-0.71%	5.64	6.85	4.61	5.60	32.48 亿
23	600622	嘉宝集团	-2.14%	5.62	7.27	4.61	5.50	10.97 亿
24	000636	风华高科	-5.42%	8.20	9.68	5.15	7.76	30.69 亿
25	200413	宝　石 B	-5.86%	2.90	3.37	2.37	2.73	3.29 亿
26	000058	深赛格	-6.03%	7.96	10.10	5.89	7.48	18.99 亿
27	600288	大恒科技	-8.99%	9.34	11.35	7.13	8.50	8.00 亿
28	000727	华东科技	-11.53%	6.16	7.89	4.24	5.45	35.83 亿
29	600416	湘电股份	-11.80%	9.07	11.77	6.34	8.00	26.01 亿
30	600487	亨通光电	-13.76%	13.30	13.18	9.04	11.47	9.31 亿
31	600478	力元新材	-16.82%	11.18	9.85	6.77	9.30	13.73 亿
32	000697	咸阳偏转	-18.05%	7.09	8.58	4.75	5.81	5.17 亿
33	600733	前锋股份	-18.74%	7.63	10.13	4.97	6.20	11.33 亿
34	600621	上海金陵	-20.93%	7.55	8.68	4.80	5.97	19.94 亿
35	600379	宝光股份	-24.39%	8.24	10.03	5.26	6.23	9.89 亿
36	600083	ST 博讯	-29.04%	5.13	7.45	3.33	3.64	23.09 亿
37	000413	宝石 A	-30.17%	7.06	8.35	4.21	4.93	3.66 亿
38	600203	福日股份	-33.24%	7.19	8.98	4.04	4.80	12.86 亿
39	600634	海鸟发展	-47.49%	11.54	13.48	5.41	6.06	8.66 亿

七、通讯电子板块

由于电子板块全面升温，其中重点是通讯类的电子成为 2004 年行情开始的“井喷口”。通过宁波公式软件，我们可以清晰地看到资金的流进。2004 年春节假期之前的最后一个交易日就有多只通讯电子板块的个股出现涨停。如：广电电子(600602)、夏新电子(600057)等个股。如果多个热点重叠在相同的股票上出现，那就很有可能成为热点当中的焦点，一旦形成这种态势，出现暴涨黑马的概率就很大了。很多投资者在操作的时候可以根据市场的热点进行多热点聚焦，交集之后你就看到少数的真正具有实战意义的黑马了。

通讯电子板块个股：

区间报表按涨跌排名
(2003年1月1日至2004年1月16日)

(单位：元)

序	代　码	证券名称	涨跌幅度	前开盘	最高	最低	收盘	成交金额
1	000063	中兴通讯	120.35%	10.48	23.60	10.42	23.10	115.31亿
2	000068	赛格三星	63.83%	7.05	11.80	6.33	11.55	45.61亿
3	600707	彩虹股份	58.50%	6.82	10.85	6.82	10.81	30.28亿
4	600602	广电电子	51.00%	7.98	12.75	7.04	12.05	169.54亿
5	000400	许继电器	46.93%	7.50	11.09	7.37	11.02	35.21亿
6	000050	深天马A	42.90%	11.05	15.89	9.35	15.79	13.46亿
7	600057	夏新电子	41.46%	10.63	15.98	10.44	15.03	76.25亿
8	600747	大显股份	34.76%	5.03	6.95	4.56	6.78	57.04亿
9	600485	中创信测	33.28%	17.79	25.36	15.37	23.71	14.09亿
10	000806	银河科技	32.83%	7.25	9.99	7.22	9.63	43.39亿
11	600563	法拉电子	32.31%	12.41	16.80	11.52	16.42	28.16亿
12	600460	士兰微	27.41%	20.10	25.88	15.45	25.61	15.38亿
13	000892	长丰通信	24.44%	8.02	10.98	6.94	9.98	75.18亿
14	600237	铜峰电子	17.21%	9.03	11.42	8.90	10.59	30.74亿
15	600171	上海贝岭	14.53%	10.98	12.96	7.75	12.57	90.58亿
16	600699	辽源得亨	7.20%	5.36	9.66	5.11	5.75	40.40亿
17	600640	联通国脉	6.00%	10.00	13.97	6.67	10.60	18.75亿

续表

序	代 码	证券名称	涨跌幅度	前开盘	最高	最低	收盘	成交金额
18	000676	思达高科	5.63%	17.77	19.03	15.93	18.77	15.67 亿
19	000062	深圳华强	3.34%	8.08	10.16	7.02	8.35	18.58 亿
20	600360	华微电子	3.30%	11.52	13.47	8.30	11.90	7.87 亿
21	000922	阿继电器	1.07%	4.51	6.68	4.09	4.56	13.94 亿
22	000723	天宇电气	1.03%	7.75	10.00	6.67	7.83	8.79 亿
23	600363	联创光电	-1.67%	7.17	9.99	5.68	7.05	16.71 亿
24	000828	福地科技	-1.88%	6.90	8.56	5.30	6.77	10.11 亿
25	600130	波导股份	-3.51%	19.09	24.95	14.33	18.42	21.74 亿
26	000636	风华高科	-5.42%	8.20	9.68	5.15	7.76	30.69 亿
27	000032	深桑达 A	-5.89%	9.14	11.61	6.70	8.60	14.24 亿
28	000058	深赛格	-6.03%	7.96	10.10	5.89	7.48	18.99 亿
29	600353	旭光股份	-7.86%	12.47	14.68	8.39	11.49	12.64 亿
30	000727	华东电子	-11.53%	6.16	7.89	4.24	5.45	35.83 亿
31	600584	长电科技	-11.61%	13.69	14.29	7.92	12.10	27.28 亿
32	600478	力元新材	-16.82%	11.18	11.40	6.77	9.30	13.73 亿
33	000697	咸阳偏转	-18.05%	7.09	8.58	4.75	5.81	5.17 亿
34	600198	大唐电信	-18.07%	11.68	15.10	7.53	9.57	52.26 亿
35	600621	上海金陵	-20.93%	7.55	8.68	4.80	5.97	19.94 亿
36	000823	超声电子	-21.39%	6.31	7.61	3.82	4.96	11.81 亿
37	600379	宝光股份	-24.39%	8.24	10.03	5.26	6.23	9.89 亿
38	000038	深大通 A	-25.04%	12.50	14.95	7.76	9.37	4.23 亿
39	000014	沙河股份	-25.71%	9.45	11.45	6.50	7.02	9.51 亿
40	000863	和光商务	-26.47%	10.35	11.98	6.50	7.61	13.90 亿
41	000035	中科健 A	-26.64%	12.80	15.72	7.22	9.39	14.07 亿
42	600345	长江通信	-26.71%	12.13	16.34	7.52	8.89	22.60 亿
43	000070	特发信息	-27.37%	9.90	12.09	6.11	7.19	8.37 亿
44	000413	宝石 A	-30.17%	7.06	8.35	4.21	4.93	3.66 亿
45	000948	南天信息	-30.55%	12.11	14.07	7.06	8.41	4.24 亿
46	600498	烽火通信	-30.65%	13.05	15.96	7.60	9.05	22.78 亿
47	000007	深达声 A	-34.66%	7.76	9.75	4.52	5.07	11.30 亿
48	000716	广西斯壮	-40.57%	8.06	9.31	3.65	4.79	11.61 亿
49	600776	东方通信	-41.23%	9.24	11.85	5.05	5.43	24.84 亿
50	000607	华立控股	-47.82%	14.89	15.30	6.10	7.77	19.09 亿

八、数字电视

国家的扶持和相关部门的重视，必将推动数字行业的高速发展，目前已经制定了“三步走”的电视数字化发展战略。如果2003年数字电视网络板块还是属于概念性炒作，那么，2004年该板块将得到实质性基本面支持。政策导向是机构投资者领先一步规模建仓的重要理论支持。如果明确政策未来的发展动向，顺应潮流，则买什么股，涨什么股。希望读者不要太固执，努力成为审时度势，顺势操作的聪明人。2004年度中国首富宁波人丁磊看好数字电视的普及必将带动网络科技进入千家万户。众多资金流入瓜分3亿多台彩电更新换代的机遇。价值1万亿元的市场无疑是巨大的金矿。信息产业数网科技必将迎来良好的历史机遇。

数字电视板块个股：

区间报表按涨跌排名

(2003年1月1日至2004年1月16日)

(单位：元)

序	代　码	证券名称	涨跌幅度	前开盘	最高	最低	收盘	成交金额
1	000725	京东方A	105.90%	7.86	17.32	7.78	16.18	36.20亿
2	600602	广电电子	51.00%	7.98	12.75	7.04	12.05	169.54亿
3	600832	东方明珠	44.39%	10.71	16.66	10.25	15.47	124.61亿
4	600403	欣网视讯	19.76%	12.50	15.57	11.08	14.97	15.91亿
5	600037	歌华有线	18.31%	16.82	23.25	14.00	19.90	47.92亿
6	600839	四川长虹	12.44%	6.59	8.14	6.48	7.41	96.45亿
7	000066	长城电脑	12.44%	8.76	11.94	7.61	9.85	45.70亿

续表

序	代　码	证券名称	涨跌幅度	前开盘	最高	最低	收盘	成交金额
8	000839	中信国安	11.90%	13.28	18.60	11.85	14.86	167.73 亿
9	600060	海信电器	11.65%	6.18	8.74	5.59	6.90	32.41 亿
10	600088	中视传媒	11.29%	9.21	12.38	6.41	10.25	44.05 亿
11	000016	深康佳 A	11.21%	6.60	9.47	6.10	7.34	31.46 亿
12	600076	青鸟华光	-4.29%	8.86	10.90	6.85	8.48	48.80 亿
13	000917	电广传媒	-7.75%	12.90	15.66	10.02	11.90	35.66 亿
14	600870	ST 厦华	-10.39%	6.45	7.96	4.97	5.78	27.03 亿
15	600733	前锋股份	-18.74%	7.63	10.13	4.97	6.20	11.33 亿

九、汽车行业

从循环周期来分析，我国汽车工业尚处于成长期的初期，2004 年汽车行业仍将快速发展，但增速将会低于 2003 年，按照先进国家汽车行业发展经验，可以看到汽车行业中轿车将继续高速发展，客车和货车次之。全面建设小康社会的政策更向让大家明确一点，小轿车进入大众家庭将是一股不可逆转的趋势，也是经济发展的必然结果。

汽车行业个股：

区间报表按涨跌排名

(2003 年 1 月 1 日至 2004 年 1 月 16 日)

(单位：元)

序	代　码	证券名称	涨跌幅度	前开盘	最高	最低	收盘	成交金额
1	200625	长　安 B	200.58%	3.45	11.15	3.43	10.37	84.85 亿
2	600104	上海汽车	145.95%	6.29	16.62	6.23	15.47	357.33 亿
3	000625	长安汽车	114.61%	7.87	19.71	7.45	16.89	149.02 亿
4	600166	福田汽车	99.71%	6.11	13.11	6.06	12.20	54.04 亿
5	200550	江　铃 B	92.05%	3.52	7.15	3.52	6.76	19.31 亿
6	000800	一汽轿车	89.05%	5.66	12.35	5.60	10.70	244.06 亿

续表

序	代　码	证券名称	涨跌幅度	前开盘	最高	最低	收盘	成交金额
7	000927	ST 夏利	73.68%	5.70	11.35	5.59	9.90	99.46 亿
8	600303	曙光股份	69.93%	6.75	11.99	6.72	11.47	33.26 亿
9	000550	江铃汽车	52.39%	7.12	14.18	7.06	10.85	84.28 亿
10	600418	江淮汽车	43.59%	11.08	17.19	10.75	15.91	34.06 亿
11	600609	金杯汽车	34.13%	5.01	9.58	4.96	6.72	156.96 亿
12	000549	湘火炬 A	26.94%	12.34	16.65	12.24	15.66	64.29 亿
13	000892	长丰通讯	24.44%	8.02	10.98	6.94	9.98	75.18 亿
14	600469	风神股份	23.92%	7.44	9.95	6.74	9.22	27.05 亿
15	600066	宇通客车	22.83%	12.09	15.43	11.09	14.85	17.54 亿
16	600686	厦门汽车	19.42%	9.37	13.99	8.55	11.19	23.50 亿
17	600507	长力股份	16.00%	8.50	10.10	7.50	9.86	20.09 亿
18	900909	轮胎 B 股	5.78%	0.501	0.634	0.401	0.530	0.78 亿
19	000757	方向光电	5.47%	8.05	10.20	6.58	8.49	9.42 亿
20	600218	全柴动力	2.20%	5.92	10.61	5.41	6.05	17.29 亿
21	000559	万向钱潮	-0.26%	7.77	10.19	6.70	7.75	14.49 亿
22	000631	兰宝信息	-3.38%	6.21	7.50	5.35	6.00	17.51 亿
23	000868	安凯客车	-3.67%	5.45	8.55	4.62	5.25	13.38 亿
24	000589	黔轮胎 A	-6.17%	5.67	7.34	4.73	5.32	14.24 亿
25	600178	东安动力	-7.13%	6.73	8.99	5.46	6.25	19.50 亿
26	600151	航天机电	-8.21%	7.43	8.82	5.65	6.82	19.77 亿
27	600262	北方股份	-9.58%	8.56	12.39	6.78	7.74	17.85 亿
28	000957	中通客车	-11.79%	5.50	7.50	4.32	4.97	24.21 亿
29	600006	东风汽车	-11.79%	13.83	14.60	10.04	12.20	81.42 亿
30	600213	亚星客车	-14.70%	7.62	9.82	5.00	6.50	9.89 亿
31	600372	昌河股份	-15.46%	9.38	11.27	6.09	7.93	28.84 亿
32	600665	天地源	-16.13%	6.51	8.03	4.38	5.46	15.10 亿
33	600480	凌云股份	-16.51%	7.57	7.47	5.17	6.32	19.27 亿
34	600565	迪马股份	-17.17%	17.36	21.22	11.89	14.38	9.11 亿
35	000887	飞彩股份	-18.45%	5.80	7.21	4.27	4.73	7.22 亿
36	600148	长春一东	-19.18%	8.29	10.91	6.03	6.70	5.54 亿
37	000816	江淮动力	-19.42%	6.54	7.75	4.42	5.27	11.96 亿
38	600623	轮胎橡胶	-20.08%	10.51	12.99	6.80	8.40	6.23 亿
39	600375	星马汽车	-23.25%	28.00	28.12	15.28	21.49	19.87 亿

续表

序	代 码	证券名称	涨跌幅度	前开盘	最高	最低	收盘	成交金额
40	600523	贵航股份	-24.31%	7.05	8.54	4.61	5.34	12.58 亿
41	000880	山东巨力	-30.09%	5.65	7.20	3.81	3.95	15.01 亿
42	000622	岳阳恒立	-30.18%	6.66	8.39	4.20	4.65	4.48 亿
43	600855	航天长峰	-30.41%	8.68	11.80	5.05	6.04	24.21 亿
44	600373	鑫新股份	-30.61%	8.69	10.34	5.45	6.03	13.18 亿
45	600742	一汽四环	-35.38%	11.42	14.56	6.09	7.38	35.64 亿
46	000760	博盈投资	-39.76%	10.21	12.45	5.01	6.15	12.09 亿
47	600501	航天晨光	-40.74%	14.95	16.00	8.40	8.86	6.55 亿
48	600228	昌九生化	-71.15%	17.16	19.49	4.05	4.95	51.11 亿

十、钢铁行业

总体来看，2004 年钢铁行业的增长速度将有所放缓，价格总体上升空间不是很大，不同产品的增长和价格走势将出现明显的差异。建筑用钢材将出现平稳并价格可能有所回落；热轧薄板的产量将出现爆炸性增长，预计将出现产品过剩和价格下降；冷轧薄板的需求受到汽车、家电快速发展的影响下，需求增长约 20%，而国内供给增加有限，加上受到进口限制的保护将呈现一定程度的供不应求，带动价格上涨。因此，对钢铁板块要区别对待，重点看生产什么产品。

钢铁行业个股：

区间报表按涨跌排名

(2003 年 1 月 1 日至 2004 年 1 月 16 日)

(单位：元)

序	代 码	证券名称	涨跌幅度	前开盘	最高	最低	收盘	成交金额
1	000717	韶钢松山	129.99%	4.81	12.86	4.80	11.07	231.64 亿
2	000898	鞍钢新轧	110.67%	3.00	7.10	2.98	6.32	126.29 亿

续表

序	代　码	证券名称	涨跌幅度	前开盘	最高	最低	收盘	成交金额
3	600231	凌钢股份	97.79%	4.55	10.25	4.49	8.98	153.98 亿
4	600019	宝钢股份	94.79%	3.84	8.06	3.81	7.48	484.30 亿
5	600282	南钢股份	83.30%	5.39	11.00	5.28	9.88	78.14 亿
6	600307	酒钢宏兴	77.09%	4.67	9.13	4.58	8.27	76.95 亿
7	600808	马钢股份	72.74%	2.93	5.65	2.91	5.07	136.57 亿
8	600005	武钢股份	70.47%	4.04	8.07	3.99	6.89	87.86 亿
9	600569	安阳钢铁	63.46%	4.57	8.44	4.52	7.47	110.92 亿
10	000825	太钢不锈	50.41%	3.65	5.95	3.52	5.49	103.00 亿
11	000629	新钢钒	47.04%	5.23	8.45	5.21	7.69	117.06 亿
12	600126	杭钢股份	45.97%	6.20	9.66	6.12	9.05	33.45 亿
13	600117	西宁特钢	43.29%	3.95	6.87	3.88	5.66	29.77 亿
14	000932	华菱管线	37.70%	4.43	6.44	4.36	6.10	60.76 亿
15	600894	广钢股份	37.64%	5.26	8.01	5.17	7.24	41.20 亿
16	000709	唐钢股份	36.79%	3.98	5.77	3.96	5.44	46.18 亿
17	600581	八一钢铁	33.65%	5.20	8.14	5.13	6.95	61.68 亿
18	600102	莱钢股份	32.86%	5.69	7.92	5.60	7.56	27.25 亿
19	600010	钢联股份	31.67%	4.20	5.70	4.13	5.53	45.04 亿
20	000778	新兴铸管	25.05%	9.50	12.50	8.80	11.88	49.68 亿
21	600001	邯郸钢铁	21.44%	4.85	6.21	4.84	5.89	45.41 亿
22	000708	大冶特钢	21.05%	4.56	5.83	4.50	5.52	14.49 亿
23	000959	首钢股份	18.89%	5.24	7.24	5.16	6.23	34.25 亿
24	600399	抚顺特钢	6.15%	5.04	6.39	4.42	5.35	13.67 亿
25	600608	上海科技	5.53%	10.66	15.14	8.18	11.25	101.23 亿
26	000926	福星科技	4.17%	6.95	9.80	5.90	7.24	26.06 亿
27	000517	甬成功	3.09%	11.17	15.27	10.25	11.52	11.89 亿
28	000569	川投长钢	0.48%	4.17	5.55	3.75	4.19	9.82 亿
29	600853	龙建股份	-6.12%	4.74	6.52	4.08	4.45	17.30 亿
30	600714	山川股份	-10.99%	14.04	18.36	11.50	12.50	4.32 亿
31	600748	上实发展	-12.47%	8.18	10.03	4.95	7.16	34.75 亿
32	600165	宁夏恒力	-13.32%	6.98	9.63	3.99	6.05	28.13 亿
33	600665	天地源	-16.13%	6.51	8.03	4.38	5.46	15.10 亿
34	600674	川投控股	-17.51%	7.05	7.77	4.20	5.82	20.75 亿
35	000890	法尔胜	-20.62%	6.50	7.70	4.45	5.16	19.22 亿

续表

序	代　码	证券名称	涨跌幅度	前开盘	最高	最低	收盘	成交金额
36	600092	精密股份	-23.64%	5.88	7.07	3.86	4.49	8.83 亿
37	600149	邢台轧辊	-24.93%	7.22	8.70	4.75	5.42	20.44 亿
38	600804	鹏博士	-30.52%	9.01	11.26	4.82	6.26	23.82 亿
39	600782	新华股份	-43.89%	12.63	14.72	6.08	7.09	8.84 亿

随着中国经济的高速增长，港口板块的个股也成为中线黑马诞生的集散地。如深圳本地的盐田港(000088)、深赤湾(000022)等早就在2002年开始了个股独立牛市的行情。其他有自己优势的，有业绩预期增长的港口个股也将成为价值投资理念资金追逐的对象。主要是中线的获利，想做短线要看技术图形和成交量变化。

除了在各个板块当中去挖掘黑马，我们还注意到券商持股也出现了一种特殊的现象。如南方汇通(000920)连续涨停，在短短8～9个交易日内就实现了翻倍。券商自救的行情是可以理解的，因为经过长达3年的熊市早就使券商整个行业虚脱得只剩个壳了。券商的不良资产非常多，为了保住继续经营，有些券商铤而走险，提早走上了不归路。被中国证监会责令关闭。经过新一轮的竞争，剩下的也将会有更多的问题被暴露。大券商兼并小券商抢夺市场的大混战已经展开。政策将向规模大的券商倾斜，使整个行业的整合速度加快。

我们可以从券商全盛时代到目前这种情况看到，亏损越大的是自营盘在高位增持很多股票的，有代客理财资格的更加损失惨重。2004年可能形成券商自救重仓个股报复性暴涨行情将引爆更多南方汇通。

海通证券重仓股出现暴涨，其他券商也在密切观察事态的发展，经过最短时间翻倍，管理层并没有什么举动。这是默认？还是意味着什么？其他券商实在等不及了也会重整军心和资金准备发动新一轮拔高行情。如冠城大通(600067)等。

股票的运作谁都会出现失误，但是，要养成一种习惯，就是在买卖之前问自己："是否确认？"如果很肯定，那就会成功的机会大一点；如果还有犹豫，那就再给自己一个机会。

在平时操作的过程中要注意联动效应，股票也许不是同一个板块，但会出现联动，同时上涨和下跌。要把这些细致的工作做好。

成功的人最突出的品质之一是令人难以置信的勤奋。很多投资高手并不是聪明过人，但是，他们比别人能更专心致志地做某件事，凡是能够通过努力办到的事，他们都能办到。

也许说这些投资者不容易理解。一位股民说，我每天一大早看电视7:00股评、晚上听电台19:00股评、看21:00电视股评、23:30看中央电视台财经、周六、周日我参加大型股评报告会。我把每一位演讲嘉宾的每一句重要的话都记录在纸上了。难道我还不够努力吗？

多少人能明白这几年熊市里股民的心！但是，为什么同样没有抓住黑马？主要是热点刚启动时投资者就把自己持有很长时间的股票抛弃了。

这是因为很多人没有自己去研究，只是在听别人在研究，所以始终不得法！

当然，我们绝大部分的时间都在研究股票，是自己研究，而不是看股评听股评做笔记。我们研究的东西很多，包括热点、强势股，还有最近一段时间上涨最猛的股票，归纳它们的特点分析它们的持续性，直到预测明天重点关注的短线品种、持股操作策略、大盘可能的走势、实战应变策略要点等。总之，总结出来的精华就是十六个字：板块掘金，实战策略，资金推动，理念导航。

专业的知识不是每一个人都拥有的，但是，拥有专业知识的人不一定能赚钱。有时候，越懂股票越亏钱，不懂股票还赚钱。“股票投资不是一门科学，而是一门艺术。”这是世界公认的高手彼得林奇的名言。如果你想成功，就必须专注。每个人都可能有苦涩的经历和不如意之时，关键是自己能否面对问题永不逃避！坚信自己一定能成功的信念是不管什么时候都要坚定的。

股票操作讲究一个人的悟性，同时最重要的是有没有艰苦学本事的韧性。股票赚钱的本事学好了，不管你是什么样的人都能成为赢家。

要不断从最新的领涨黑马当中寻找到本质的东西，寻找出热点所在，发现潜在的机会。在有苗头的时候果断介入获取厚利，这是我们在 2003 年整年的运作中取得巨大胜利的原因，相信在未来几年里的行业板块联动一定可以帮助大家在中国的股票市场中有所斩获！主攻板块分析，配合操盘策略。稳步把自己的资金押在有百分百把握赚钱的交易当中，这就是可以把股市当成你的印钞机。热点需要大家的认同，然后需要资金的推动，最后出现共鸣！不管你用什么样的投资理念，最终的验证还是要看看你的保证金是否增加了。

【看图分析解密】 (图 2–1)

南方汇通(000920)是券商重仓股的代表作，在成交量的快速放大后出现空涨，连续的涨停攻势是最厉害的短线暴涨黑马。我们在分析暴涨黑马的特点中发现高度控盘的股票一旦有资金点火和题材配合，就会产生巨大的推动力，如海啸威力突现！最安全的就是缩量涨停。通常开盘就是涨停，或者开盘后半个小时内封住涨停价格。给所有持有的投资者不想卖出的信

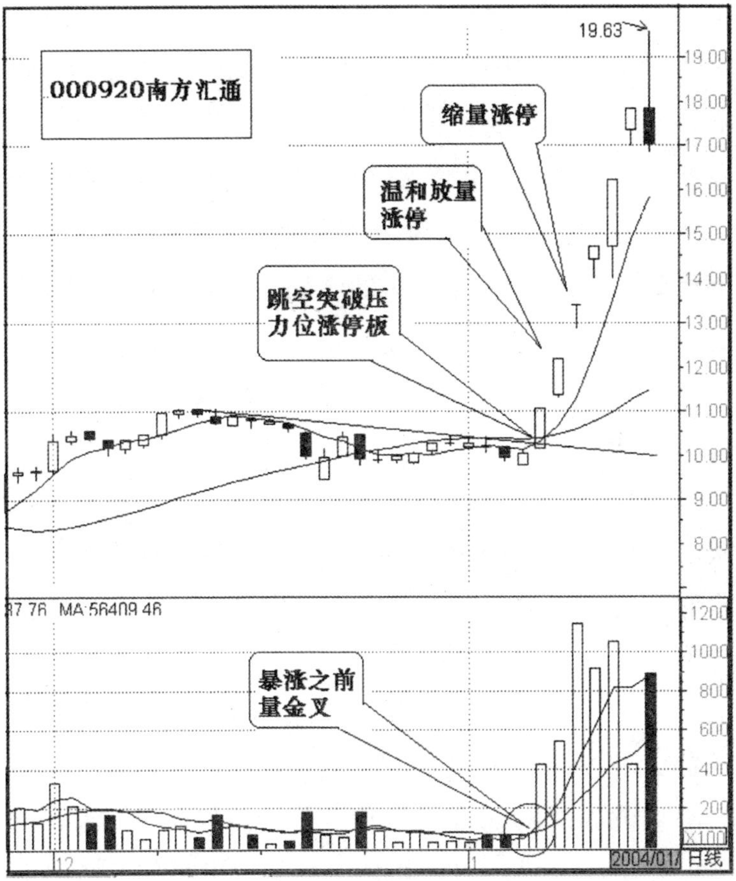

图 2-1

心，给跟风的短线客非常巨大的追涨诱惑。不断提高市场的平均成本，从而达到稳定股价的作用。我们在操作过程中只要看好分时图和成交量就可以了，当出现抛压巨大的时候可以快速退出，在盘中发现又要走强的时候可以快速跟进。对于最牛的股票我们通常的做法就是谁最牛就跟谁；谁涨停最快，就买谁；只做第一、第二，不做第三。相信大家都比较容易了解到为什么强者恒强的道理了。大量的热钱潮水般涌向热点和焦点，如果你不跟随主流资金进出可能出现获利不够丰厚的情况。通常焦点都是在最短的时间(通常是一周到一个月内)实现巨大的涨幅的。因此，研究强势品种是非常有必要的。只要主力愿意，可以说上海梅林(600073)只是个行情出现变化的开始，真正短线暴涨的黑马运作模式才刚刚开始。市场表现凶悍，说明经过三年的卧薪尝胆，想生存就必须改变，稳健的投资理念促成了操作的成熟。买其他股票也许你很长一段时间都没有抓到过一个涨停，但是，对于热门股如果你分析得准确，可以说一个月内翻倍也是非常简单的事。正如笔者所推崇的学好过硬本领抓住 7 个涨停就翻倍了。磨刀根本不会耽误砍柴功。对于第一流的高手来说，在 2004 年赚钱很容易，随便砍出一刀都能砍倒几个涨停股。但前题是你必须看出机构的思路和资金的力度。正如南方汇通(000920)，再拉几个涨停也是随主力而已，只要成交量配合空间是可以预料的。如果你不改变思路和投资理念是很难知道和感悟的。

【实战策略精要】

（1） 发现主力机构，盯住盘中成交量，刚开始放量涨停是必要的。

（2）缩量涨停预示空间更大，主力资金更充足。

（3）能不断创出新高就是主力没有出完货，还要涨。

（4）强势股不破5日移动平均线不考虑出货。

【看图分析解密】（图2-2）

冠城大通(600067)是国泰君安的经典之作，我们可以看到涨停的速度是非常快的，只有一定的看盘经验的股民才能提前介入。分时图给人的感觉是涨停毫

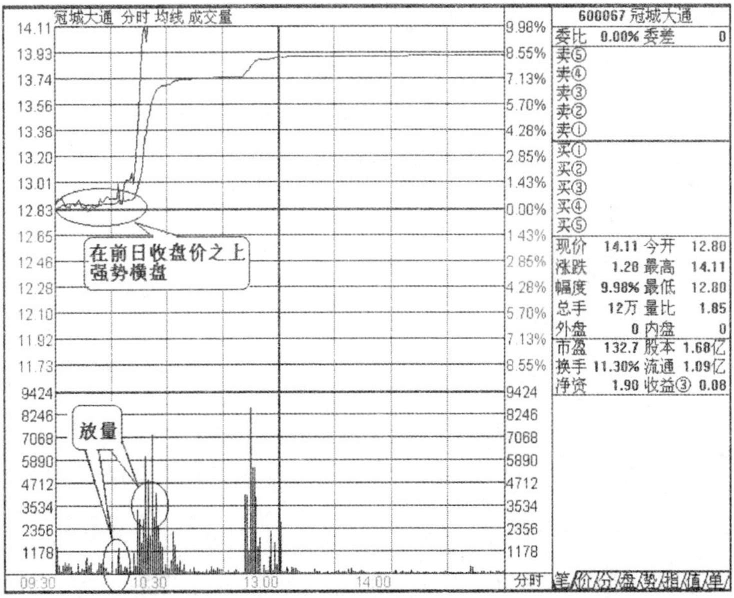

图2-2

不费力。强势特征明显，但是也可以看到在涨停的时候出现巨大抛压。如果你理解为开闸放水，风险就大了。通常是在缩量涨停的股票出现打开涨停后再次以巨单封住的股票比较厉害。看多的资金不断追逐，形成热情高涨的氛围，方便出货。

【实战策略精要】

（1）短线出击就要快速跟进强势股，快进快出。

（2）一般设好止损价格亏 5%的前提就可以在分时图刚启动的瞬间介入。

（3）通常的做法：如果是追高买进的，第二天开盘高开 3%就走了。

（4）贪心者不要在高位追进涨停股，最好寻找底部潜力股。

【看图分析解密】（图 2-3）

冠城大通(600067)的日线图的表现可以给大家认识到什么是最后一次打压震仓，通常都是放量下跌大阴线，时间不长只有一两天，然后快速拉高股价，不给别人捡到便宜的机会。要买可以，需要挂更高的价格。这样做的主力是非常精明的，因为在上涨过程中在最底部的筹码如果不洗干净是不利于后面推高的。震仓之后剩下的都是相对比较坚定的投资者。不会轻

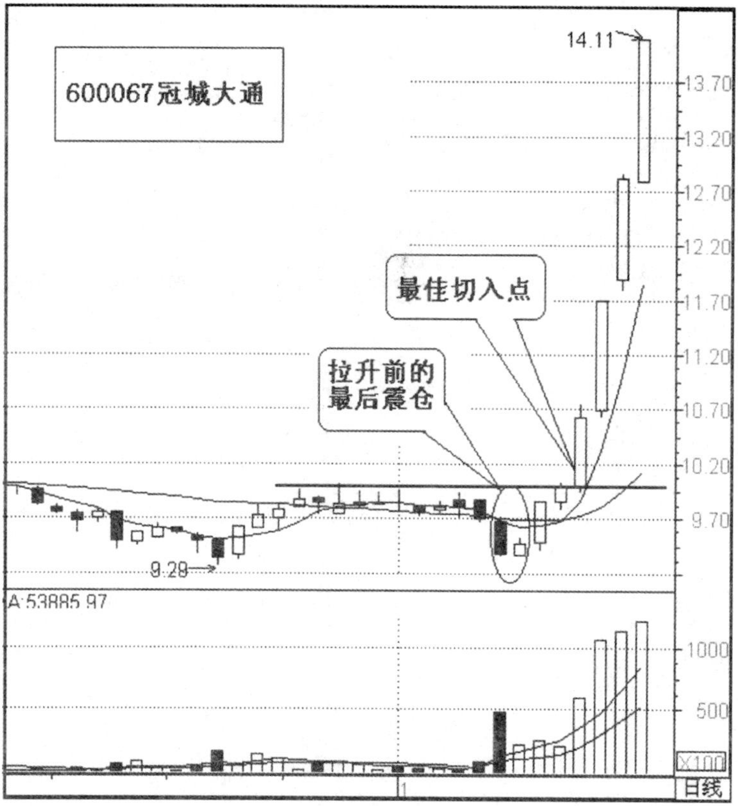

图 2-3

易抛出，成为锁定筹码的思路同盟。

【实战策略精要】

（1）经过震仓的黑马，更加可靠。

（2）第三天缩量突破震仓价，短线跟进。

（3）均量线平行向上是成交量最理想的状态。

（4）偏离均线越远，风险越大。

第二节　见好就收

牛市赚钱快，熊市赔钱更快。

涨落之间，给有技术的人更多的机会把握市场的节奏。

每一次赚钱的机会都是要控制风险的。

真正赚大钱的人多是从事低风险稳定赚钱的生意。

我们一再提醒投资者在操作的过程中要做到见好就收。因为风险在股市的每一天都可能存在，只要你还没有离开市场，市场都有可能把你赚到的钱全部夺回去，甚至亏损达到很厉害地血本无归。我们不是恐吓你，暴涨之后就是暴跌，事实上经常都是这样的，只要市场还没有完全成熟。因此，赚多赚少都是赚，跟亏损是两回事。

做到见好就收，说起来简单，做起来却非常难。因为不贪心才能做到见好就收。见好就收有可能赚钱卖出后，后面还大涨，涨得自己都无法相信。怎么平衡这种心态呢？很简单：赚你能力范围内的钱，稳健是关键，生存第一，赚钱第二。只要你每次非常有把握的时候出击，一出手就赚，你有抓到好股票的本事又何必每一只黑马都买到呢？放弃黑马，专注少量可以稳赚的股票这就是高手能够耐得主寂寞的意志力。

做一个最不贪心的投资者，灵活应用自己已经掌握的技巧。相信看了我们操作过的股票，你一定已经领会到做股票的一些必要的策略。

如果你是专职做短线交易的投资者，不要因为自己的短期失误而短线变中线，中线变长线，最后成为深套。有赚不走，因贪心而被套更是要不得的习惯。要作好止损策略，短线交易一般以亏损3%为止损价，以买入价计算。中线交易一般以7%为止损价。

见好就收，其实是一种很好的投资心态。我们情愿只赚启动的那一点利润不参与后面的风险。长此操作，对热点的启动可以超前预测。如果把握得好，连“鱼头”、“鱼身”都吃了。坚持自己认为正确的原则也许很多人都不能做到。但是更多的投资者认为正确的不一定是能够赢利的。坚持只会让自己亏损。只有赚钱的经验才是值得借鉴的，只有成功的方法才是可以做为原则坚守的。

成功的投资交易员都有这样的共同特点：非常敬业并持之以恒，谦逊待人并立场坚定。这种素质可以成功地做到见好就收。

股市如海，潮涨潮落，股市如云，时阴时晴。面对股市坦然处之，保持好自己的心态，准备好周密的应对投资策略，定能决胜于股市。

有一则伊索寓言是这样说的：有一头驴，驮着盐过一条河，因为河底很滑，不小心跌倒，一部分盐在河里融化了，当驴站起来后觉得货物比以前轻了许多，非常高兴。下次当它驮着海绵过河时，以为跌倒后站起来货物又会变轻，就故意滑了一跤，结果海绵吸了大量的水，压得驴站不起来被淹死。

见好就收，不要贪心，是操作成功的有效原则。

第三节 简单快乐

很多投资者今天学易经看股市，明天学波浪理论，把股票搞得很复杂。其实，很多投资者整整花了很多年的时间去做股票依然没有发现一个很好的操作赢利模式。

尽可能把复杂的东西简单化，然后明确地分析几个重要的问题，就可以明确自己该如何运作了。

凡是成功的人士都是非常专注的。只做一件事，把事情做得出类拔萃，然后达到规模赚钱的效应。

中国股市经历了2001～2003年的熊市之后，在上证指数1307点止跌。在大盘绩优蓝筹股的带动下走出了股市的低谷。大资金大机构操作思维的改变，让强者恒强的股市谚语再一次得到市场高度一致的验证。

2003年投资蓝筹大盘股的投资者保证金不但没有

损失，还把前两年亏损的资金一次性赚回来了。石油股、钢铁股、电力股、银行股、次新股，总之你看得到的强势板块都出现出色的表现，只是多数投资者不敢一路持有。熊市思维困扰着人们的情绪。“有点赚就走”，“麻雀吃米”，本来是熊市中短线的有效操作方法。但是，对于一路创新高的个股似乎用这种操作模式都是失效的，卖出之后连续大涨，涨到你不敢相信也不敢买进。连续大涨之后在高位盘整一周又出现大阳或者涨停，让做空者心态失常。

在行情启动的时候，或者冲关的时候，主要靠的是什么板块？什么个股会成为市场上涨的源动力？如果你能清晰地回答这两个问题，那主流板块你就抓住了，主要重点黑马个股你也逮住了。

把复杂的东西简单化，你将看到事情的本质。

不爱劳动的人永远不知道什么叫快乐。

当朴实的农民经过辛勤的劳动，付出了汗水，看到丰收的喜悦，与一个富家子弟看到丰收的感觉是不一样的。不同的身世，看相同的事物是不同角度的。结论也就大不相同。看到同样的K线图，不同的人理解不同，操作也就不同。

股票投资技巧是没有世袭的。就像人的能力一样，是通过后天的努力奋斗得到的。在失败时永不放弃，坚持学习，总结经验教训，正是因为这种坚毅的性格，永不言败的意志，注定你要成功。股票其实跟其他事情没有什么不同，除了技术之外就是人的意志力。

笔者非常喜欢一句话：“追求卓越，挑战极限，在绝望中寻找希望，人生终将辉煌！”

做股票生意，其实就是全国股民在斗智力，斗心态，斗毅力。不管你是机构投资者还是散户投资者，不管你是干部还是平民，股市基本上是客观按照自身的规律在运行着。我们都喜欢研究毛泽东同志的战略思想，这是智力的结晶。理解一部分就可以在股票市场上生存。在当年革命根据地小小的红色政权，为什么能燎原整个中华大地？毛泽东的战略思想、战术思想，都是我们策略和智慧的最佳研究学习的东西。以前上千年的古人智慧很多我们无法看到和理解到，因为能留到今天的文章太少了，著者的思想很难读透。但是，毛泽东读过很多很多的历史和古人的书，把智慧都融合到实际战争当中，并且成功取胜了。那就是说“只有成功者的经验才值得你去学习”。

股票市场，高手鱼龙混杂，除了业绩，没有什么可以衡量一个高手的本事。业绩就是操盘手的生命。买卖股票的最佳切入点则是判断高手的功力有多深的唯一依据。

尽管有许多技术指标判断股价的顶部特征，但是最有效、最简单的指导卖出的技术指标却是均线系统。

不管何种黑马形态，只要遇到高位5日线死叉生命线则应是一个极为可靠的卖出信号。换而言之，如果在底部能够买进一只黑马，就应该耐心持有，不被其凶悍的洗盘所吓倒，一直持有到高位见顶5日均线死叉生命线时卖出，定会成为大赢家。

庄家进场一定要经过放量的过程，从股票的量价关系的技术面可以发现坐庄的痕迹。庄家建仓、试盘、拉升的行为是无法从盘面消除的。第一次放量试探得到的结果可以分析下一步如何操作。如果放量拉升跟随者不多，意味着公司市场形象不好，需要重新进行二级市场的形象树立的定位；如果跟进的颇多，可以确定散多头为数不少，需要打压股价把这部分人震仓出局，还可以确定是否有其他机构资金在内，形成多杀多的局面就成了给别人抬轿子的人了。第二次放量点决定了庄家的基础成本区。通过长时间的盘整之后，庄家收集筹码到位，就开始试盘，完成震仓洗盘的过程，就证明庄家的筹码就在这里了。第三次放量点决定庄家拉升开始了，需要迅速脱离成本区。在这个运作的三个重要点位是判断庄家的实力的重要阶段。因此，读者要重点研究成交量变化对股价的波动影响，从而了解主力成本所在。

【看图分析解密】 (图 2–4)

武钢股份(600005)是钢铁股当中最明显的一个资

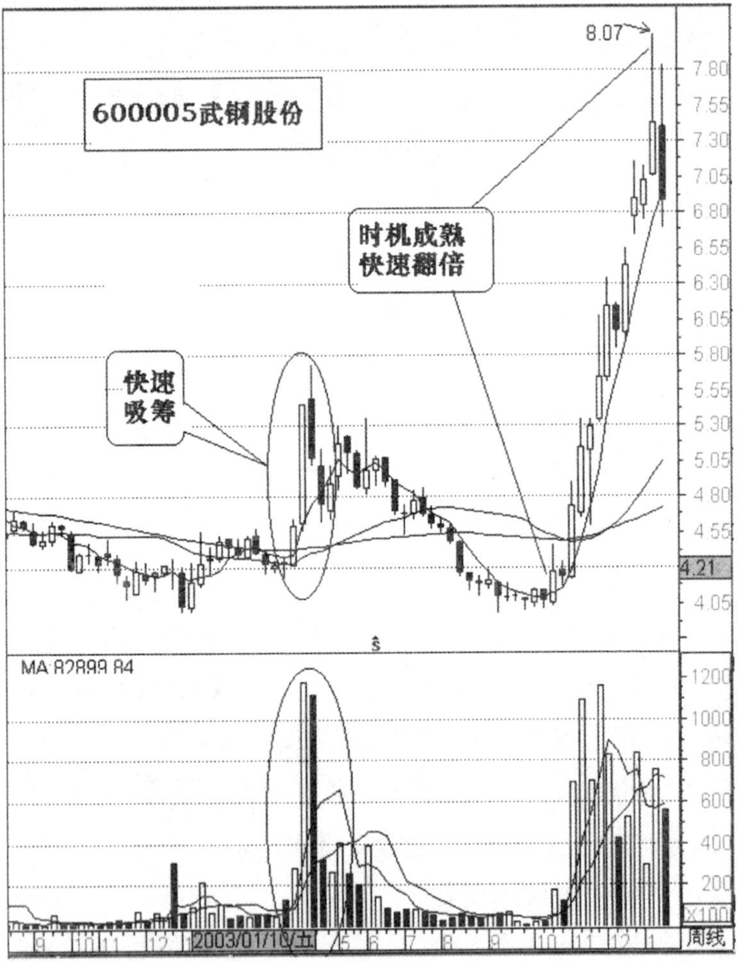

图 2–4

金推动型的强庄股，在第一波钢铁股启动的时候，该股在 2003 年春季攻势中只是一个开始，主力机构大量地买进筹码，而且在其他钢铁股翻倍的情况下还只是涨了 30%左右。跟随大盘开始因为多种因素，如“非典”等突发事件对股市的打击一样出现了长达半年的调整。在大盘上证指数 1300 附近止跌的时候，该股 10 月份开始放量启动主攻浪，经过大幅拉升后，抛离其他钢铁股成为最强的个股之一。过程看起来很陡峭，可以看出主力机构在推高股价的过程中不断出现巨大的买卖单，同时在启动 30%左右出现大幅震荡，然后，快速上攻。出现的爆发力量确实很多个股无法相比。我们 4 元附近启动前给机构投资者的中线翻倍品种当中就是武钢股份，根据华夏证券的分析报告确认，该股的业绩非常好，而且很多资金对钢铁股还是比较认同的，因此在选定之后一直跟踪到成交量出现异常波动放大明显的时候，就果断介入中线持有。结果在 8 元之前 7.60 元成功出货获利 90%以上，结果该股还是继续突破了 8 元大关完成了翻倍的使命。

【实战策略精要】

（1）中线操作要选择股价比较低的底部个股比较稳。

（2）确认持股的重要依据是资金的运作方向，主要看筹码。

（3）心态是最重要的，平常心对待涨幅，否则，太早出货后面的加速就不能赚到了。

（4）中线获利丰厚出货后不再操作，最少一个月不看该股。

中　篇

宁波高手实战分析

从大黑马开始，研究大图形、大规模，实现超额大利润。不同的人对不同的事有不同的看法，但是，股票市场却常常出现相同的看法，但是做法不一样。

为了让读者更加清晰地理解笔者想表达的意思，配上K线图和插入文字解释是非常必要的。

研究重点黑马股的意义在于深刻认识主力的意图。想准确看到主力的意图，只有比别人更加努力百倍，勤奋百倍。没有“金元宝”会无源无故地掉下来等你去捡的。要有回报必须付出努力。

破解股市中投资者之所以亏损的原因，然后学习先进的方法，最后树立自己的信心勇敢地解决问题打个漂亮的翻身仗。这是笔者对所有仍然亏损的读者良好祝愿。

一切源于实战，一切为了实战。突破一切思想包袱，奋起直追，成功就在你眼前。坚信自己一定可以反败为胜，成为扭亏为盈的赢家。只有信心十足的人，才不怕艰辛。士气低落，什么事情都不能办好！如果你对自己有信心，那你的力量将比原来大3万倍。

也正是笔者对于自己的实战技术和资金实力无比的自信，直接给了很多读者朋友和缺乏信心的投资者自信。自信来自成功的实践，信心来自优越的业绩。从实战分析开始，做一个信心十足，士气高涨，自信的投资者。

第三章　实战策略

不管你用什么方法，都一定要具有实战意义，否则你的方法就是无效的。一切从实战出发，最主要的应对行情的方法就是我们进退的策略。如果你没有一套安全稳健的赢利模式，那你的资金增长是不可靠的。我们一直不厌其烦地引导读者要树立自己稳定的赢利模式。稳一点，慢一点，把握好节奏。根据实际情况制定进退的策略。我们认为判断正误都是经常会发生的，关键不在于你对与错。最重要的是你应对正确时的策略，当你判断错误出现亏损时的策略。如果你坚信我们的融合与本书的智慧能使你摆脱困境，那笔者很愿意在合理、合法、力所能及的范围内尽可能帮助读者实战取胜。

宁波高手实战策略——独门绝技

（1）“神枪手”出击；

（2）“神枪手”买入；

（3） 三线合一；

（4） “聚宝盆”会员买入。

以上四种绝技曾经在宁波高手之中提到过，但没有详细实际操作细则！在宁波高手世纪精华篇当中第一章“只做第一高手”中写道：

“神枪手”——逆市抓黑马如探囊取物

“聚宝盆”——只做强中强如石破天惊

这正是笔者长期战斗在股市最前线，经过无数次血的教训得来的实战法宝。相信任何类型的读者都可以在深刻理解我们的投资理念之后迅速掌握我们首次传授的独门技巧，配合独特的分析视角和特殊的市场信号，如海底神针擎天一柱，就像是孙悟空的金箍棒为你指明通往金山的方向，还有万丈高楼平地起的打桩启动信号，不断暴涨当中的缩量涨停的安全介入等价量关系精要。多种技术指标公式和战法，只要你学精通任何一种方法都可以成功快速翻倍。

短线法宝

短线赚钱是非常重要的，如果没有几个实用的法宝，那很快就被市场所消灭了。我们始终坚持市场原则。股票市场中不管你是科学家、教授还是个体户、学生、职工、下岗人员，没有任何性别歧视和身份歧视。只有赢家和输家。市场永远是对的，只有适应市场的原则才可生存和发展。短线操作是比中线操作要求更高的高级技法。

我们一直提倡投资的正道是先分析大盘，选好个股，然后就是具体操作策略。如果你不是这样做的，那你的股票投资可能赚了指数没有赚到钱，或者牛市里亏钱，进行没有原则地盲目操作。

在你操作之前不管你有什么理由，都最好从大盘的方向先判断，遵循投资的正道，你将能在股市中生存的时间长一点。

首先，分析大盘的最新动向。然后，进一步研究股票的走势。

读者：那么你们所说的短线到底是多长时间呢？

笔者答：两周以内，三天以上。

读者：超短线是多长时间呢？

答：三天以内，多数情况是当天买进当天就涨停，明天就卖出。有多年实际操作经验的朋友可以学习本书策略精华，跟着超短线的快节奏运作。如果经验比较少的股友还是专注只做神枪手买入法图形的个股比较合适。下面具体介绍什么是“神枪手”买入法。

中线绝招

正如武侠小说里的，如果没有一两手绝招是很难在江湖上混的。股市跟江湖一样残酷。没有几个实用的“杀手锏”又怎么出来闯荡呢？

我们根据均线的最根本原则制定的一系列操盘细则，其中最容易学会的就是中线翻倍的“神枪手”买入法。

“神枪手”买入法操作细则：

首先把日K线的均线参数改为(5，24)，其他均线删除。5日均线为5天市场平均成本，24日均线(生命线)是真正大资金运作的主要参考和支撑线。还要配合MACD指标平行向上，必将成功搜索到你要留意的目标潜力股：

（1）5日均线上穿24日均线为买进信号。(准确性一般)

（2）上升通道股，在第一次回调到24日均线受到支撑买进。(比较准确)

（3）上升通道的股票第二次回调到24日均线受到支撑买进。(非常准确)

（4）上升通道的股票第三次回调到24日均线受到支撑买进。(很准确)

三波上涨经过加速拉升，股价在高位，5日均线下穿生命线（24日均线）股价进入死亡区，为空仓信号。注意风险，回避为主。我们一直在告诉大家，股票没有国际标准的操作方法，实现最终适合自己赢利目标的策略就是成功。

【看图分析解密】(图 3-1)

上海石化(600688)是化学原料及化学制品制造业的重要大型国有企业，主营范围是原油加工、油品、化工产品、合成纤维及单体、塑料及制品、针织、纺织原料及制品、催化剂制备及废剂回收。只要有一点

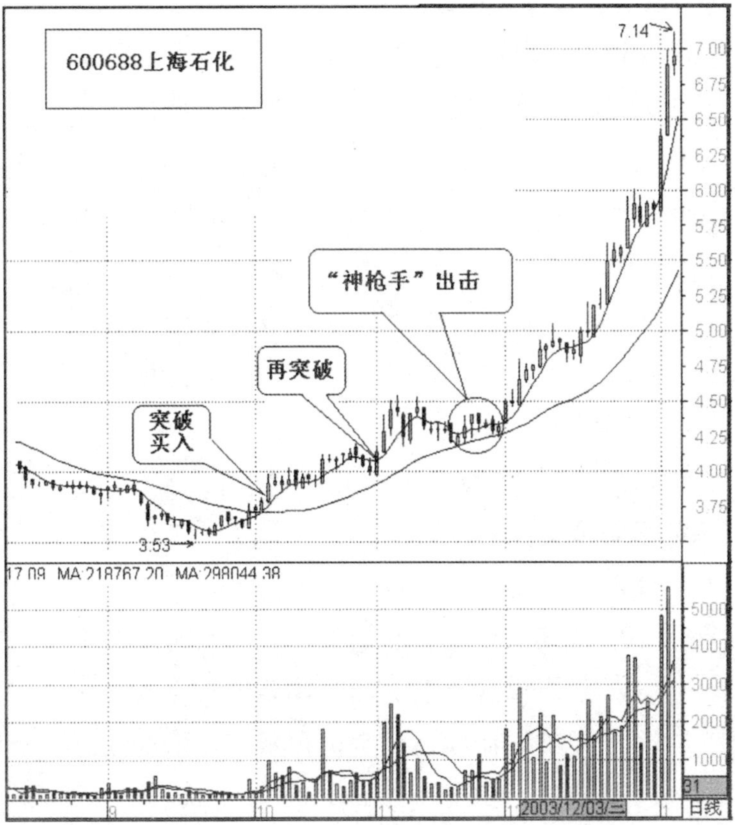

图 3-1

经验的投资者都会知道该股是大家议论比较多的一只上海本地股。在该股不断上涨的同时很多曾经被套其中的投资者纷纷解套获利出货。但是，刚出货第二天就盘升了，到后来看到涨停的时候，已经一股都不剩了。所以做大波段的人是赚钱最多的人。牢牢抓住底部筹码，像蚊子一样叮住主力，吸它的血。对于选好的股票在大盘中线上涨确认的情况下就是这样操作的。持股待涨，就是不放。上海石化与其他大盘低价石化股的联动是比较明显的。老牌的股票通常都是被投资者轻视的股票，像深保安 A (000009)、原水股份(600649)、仪征化纤(600871)等一大批低价大盘股都成为机构大资金做波段的赚取差价的好品种。从上海石化的 K 线图上可以清晰地分析出它的运作模式就是稳步推高，成交量不断放大，最后加速出货。这就是此类个股的特点。

【实战策略精要】

（1） 趋势确立，买进之后多看少动。

（2） 持续放量是上涨的保证，量萎缩则很难涨。

（3） 形态出现小双底的时候要果断介入。

（4） 突破生命线后跳空，预示着开始走强。

【看图分析解密】(图 3-2)

中国石化(600028)是国内外机构投资者重点关注的股票。成交量在股价上涨的过程中起到了重要的作用。在突破 3.50 元之后股价出现了快速上涨的状态，回抽确认生命线的时候出现了护盘的动作，在刚站稳的时候开始放量上冲，在成交量方面通常都是在上涨之后的第二天更加大。给人一种强势上攻的感觉，但是当你介入之后，它却盘整两三天，使你感到刚才买

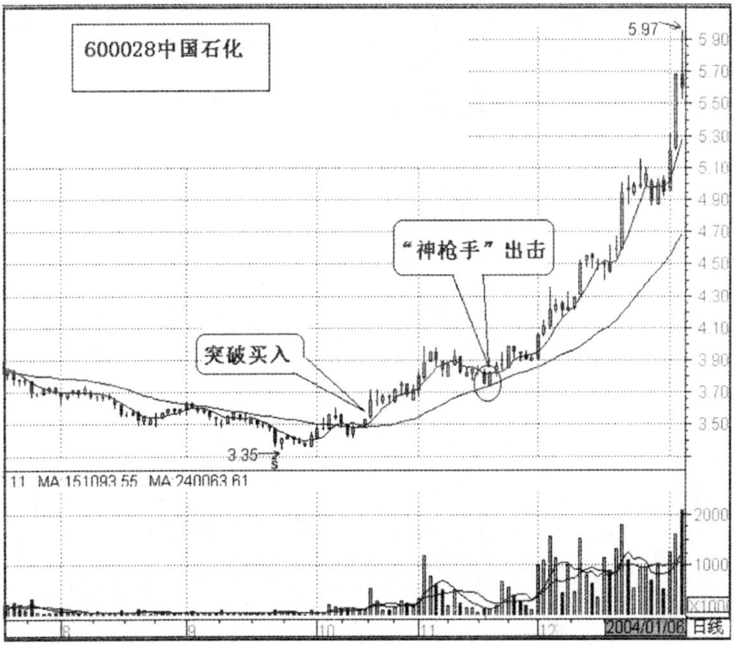

图 3-2

入时的那一瞬间是错觉。到了刚保本卖出，觉得它太弱的时候就开始出现大阳线的强势特征。反复多次之后，所有短线客都没有耐心去等盘整的时候，真正的大幅拉升却开始了。主力大机构最习惯的手法就是这样，虚实并用，虚则实之，实则虚之，用的战术思想与古代的战术没有两样。

【实战策略精要】

（1）当你觉得难受的时候，就是主力拉升之时。

（2）当你开始恐高的时候，就是快速赚钱良机。

（3）大盘股底部一次建仓，分批高位卖出。

（4）高位 5 日均线拐头向下，坚决退出观望。

【看图分析解密】(图 3-3)

扬子石化(000866)是石化类个股中，特别是深圳交易所中最多人关注的品种。在不断的上涨过程中，大家可以看到越到后面越快速出现大阳线，安全系数高的刚突破“箱顶”时买入才是最安全的时机，最佳切入点就在当天突破的时候买进持有。回抽确认“箱顶”的时候，如果不再下跌，就加码买进。这就是资金堆积型中线黑马的操作方法。如果是专业投资者则可以做高抛低吸的波段运作，如果是上班一族则按兵不动。如果追求利润最大化则在关键的切入点马上买

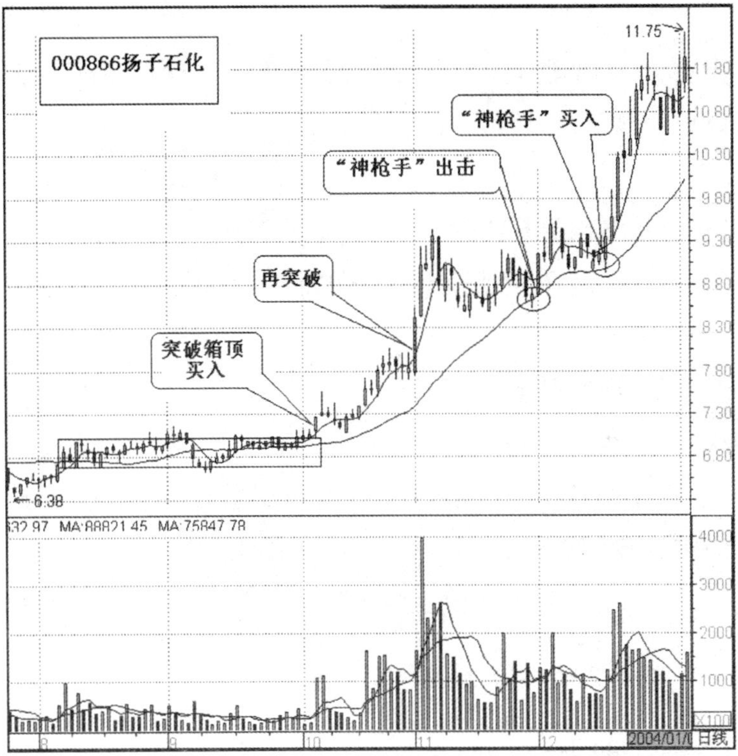

图 3-3

入，第二天就拉大阳出货。快速赚钱就是知道什么时候主力需要打压，打到什么极限价格，不再往下的那一瞬间，或者在出现第一个阳线的收盘前最后几秒买进。强势股通常盘整的时间为三天，在第四天启动，还有就是八天，在盘整之后启动的当天介入短线比较安全，这就是最佳的下跌衰竭切入点。没有只涨不跌的股票，也没有只跌不涨的股票。如果有些已经连续下跌四年多的，而且一直没有大行情的股票，业绩如果得到大幅提升，可能下一只中线黑马就诞生了。在高位出现连续十字星要注意顶部来临。

【实战策略精要】

（1）对于中线确认上涨的股票止跌后，第一根阳线买进。

（2）坚持板块联动的原则，注意同一板块股的互动。

（3）急速拉高的时候可以在缩量之后卖出，回抽的时候捡回筹码。

（4）两波主升浪上涨要减磅，三波大涨不再创新高出货。

【看图分析解密】（图 3–4）

齐鲁石化(600002)是石化大盘股中风格比较猛的一个股票，该股与其他石化股的联动是比较明显的。从冲高的组合 K 线图分析，机构在缓慢上涨的过程当中不急不躁，从 4 元涨到 5 元用了 3 个月，从 5 元涨到 6 元才用了 1 个月。可见股票大机构介入之后，你根本不用怕，总有加速放量上攻的这个阶段。盘升的时候可以按兵不动或者高抛低吸，按照“神枪手”出击和“神枪手”买入的方法进行操作可以放大 1 倍的

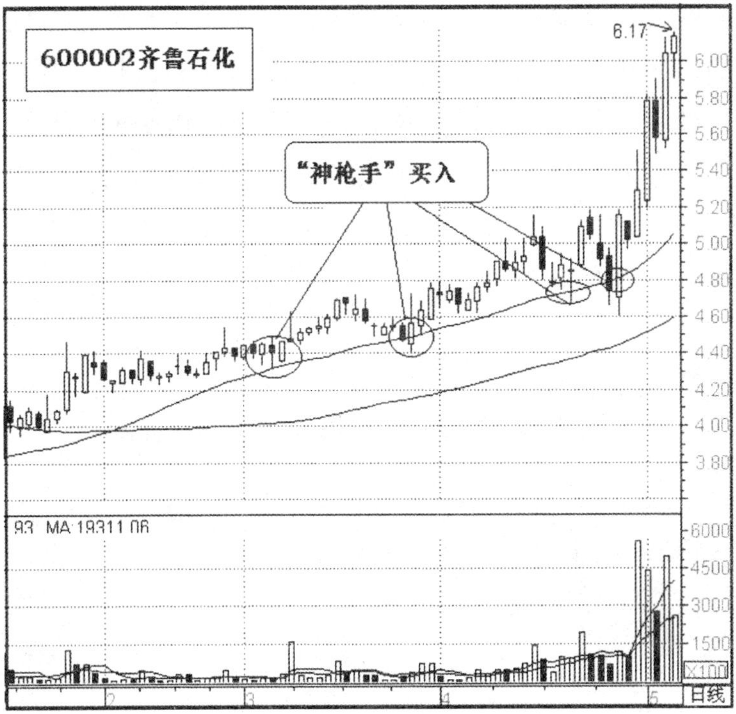

图 3-4

利润。没有出现异常的波动可以坚持做波段，对于大盘股，我们从实战的经验得出一般都是 3 天、5 天、7 天。还有就是从最高价回调到最低价 5 天的时间比较多。当在第五天涨稳收阳的时候就可以介入了。如图中的最后一次震仓连续出现三天缩量大阴线然后出现长下影的阳线，说明前面三天是震仓行为，可以果断介入最快赚取主升浪。对于经验比较丰富的投资者可以快速加大操作力度达到短期利润最大化。在连续大阳线之后，高位出现长下影线的阳线或者长上下影线的阴线都是一种高位的现象，要注意获利出局，及时保住自己的胜利成果。毕竟每一次股票赚来的钱都是来之不易的，不是那些不懂的人所想的那么随意。资金的每一次累计就是复合利润最后加大的原因。资金越大，越要小心操作。

【实战策略精要】

（1）走势越是稳健，有耐性的股票就越有机会。

（2）来回操作，稳步获利，如果出现短期见顶信号快逃命。

（3）上涨总是有温和成交量配合比较满意和安全。

（4）量均线平行向上，容易出现加速。

第一节　快速获利

寻找突破的个股作为短线跟踪的个股，突破重要的阻力位进入上升轨道的股票是快速获利要留意的股票。特别是长期经过下跌通道然后转向反复多次突破压力位确认的股票是做短线必须研究的对象。

我们前面已经清晰详细分析、统计了2003年整年的板块分析，预测了未来的热点板块。当市场出现强烈上涨的势头时，你要第一时间发现是什么板块在领涨，然后选择该板块中的“3D”领涨品种，果断快速跟进，这样你就可以快速达到获利的目的。

【看图分析解密】（图 3–5）

赛格三星(000068)是一个很直接的领头羊，我们通知会员“神枪手”出击信号出现的最佳时机是该股长期移动平均线出现多头之后在第一次回档受到支持并且收阳线的时候介入，8 元其实不是很高。2004 年 1 月 2 日，赛格三星公告消息当天出现了一个最后震

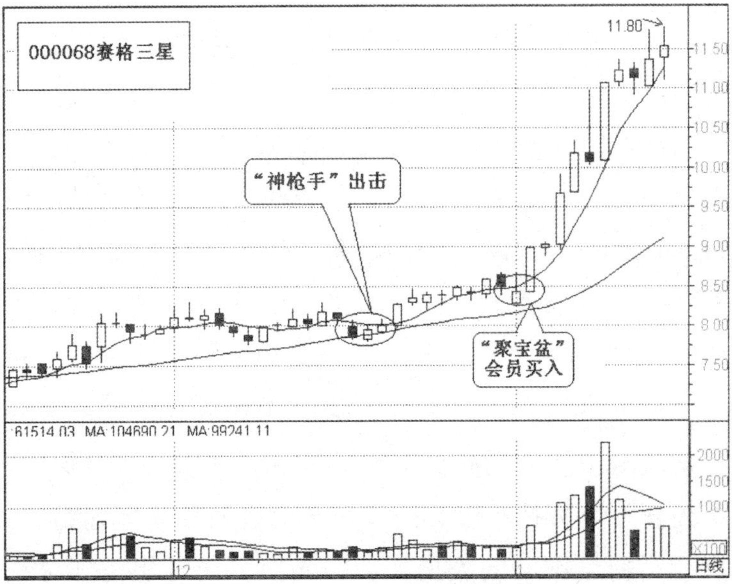

图 3–5

仓的机会，当“聚宝盆”会员买入信号出现的时候，很多会员资金追进，形成放量上攻的强势特征。赛格三星(000068)第二天(2004年1月6日)出现了与上海梅林(600073)第二个涨停之后第三天(2003年11月17日)的小幅波动一模一样的小阳线洗盘动作，最低价格为8.88元。如果赛格三星2004年1月7日不穿8.88元就是第二个梅林强势攻击的出现。果然2004年1月7日最低价格为8.96元在5日移动平均线之上受到支持于是大胆买进的机会就来了，结果该股两周大涨60%以上。快速攀升为电子科技股的龙头，对整个大盘的推动起到了重要的作用，更带动了深圳本地股的群体启动。涨停不断出现是最强的市场现象。两周抓住10个涨停的故事成为部分投资者的真实故事！赛格三星(000068)上涨途中出现长上影线的K线，虽然收阴，但是下跌不多。第二天出现涨停突破上影线的最高价11.01元，以11.08元涨停价报收，是强硬上涨的信号，可以大胆突破11.01元的那一瞬间买进，后面最少有7%的利润等着你赚！对于板块的分析，对市场热点的判断，会直接影响到我们的操作成败，因此，要特别认真细致分析股价所处的位置。理性去看待盈亏，不要盲目地去持有没有短线机会的个股和恐慌地抛空。机会是留给细心的人把握的。当很多读者想赚到尽头的时候，已经太过执着了。要坚持原则，但不能太固执错误的东西。只要平常心，相信像赛格三星(000068)这样的多头进入加速的黑马你是很容易抓到的。

【实战策略精要】

（1）日均线多头，周均线多头，易出黑马。

（2）每一波上涨都需要有成交量放大，量均线金叉。

（3）“神枪手”买入法是短线看涨的重要信号，做短线波段。

（4）“聚宝盆”会员买入，是股价暴涨的和资金推动型中线黑马的重要信号，做中线波段。

【看图分析解密】 (图 3–6)

士兰微(600460)在次新股当中表现非常突出，杭州士兰微电子股份有限公司由光大证券有限责任公司主承销，主营范围： 电子元器件、电子零部件及其他电子产品设计、制造、销售，经营进出口业务。主力机构拔高的手法相当老道。在第一次洗盘到生命线附近受到支撑，展开一波快速攀升的行情。2003 年 12 月 25 日收盘价为 17.50 元缩量突破大量震仓位 2003 年 12 月 19 日的最高价格 17.35 元是非常重要的启动信号，所以 2003 年 12 月 25 日是最好的买入点位。2003 年 12 月 26 日直接跳空高开回抽确认 5 日移动平

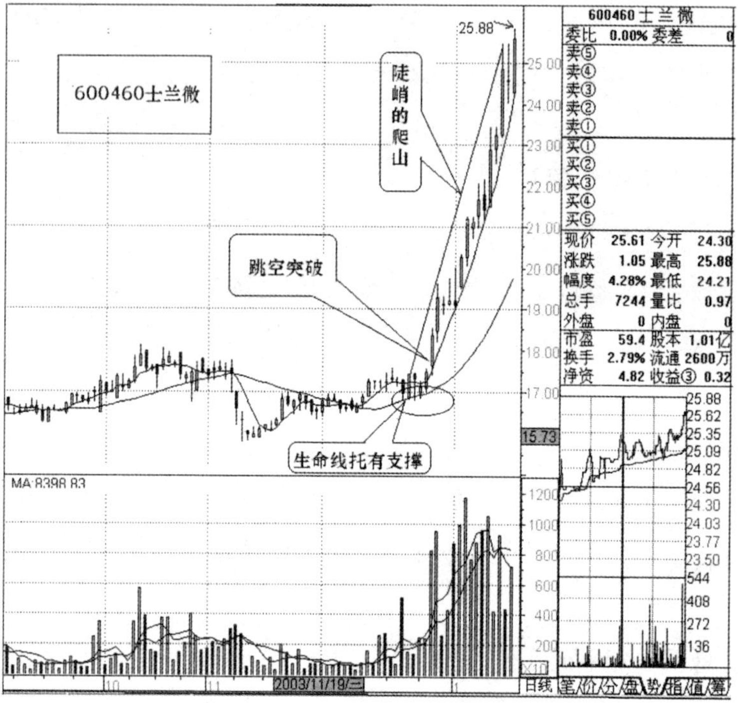

图 3–6

均线之后就开始上攻出现放量跳空突破的强势特征。出现连续收阳的图形非常有利于5日移动平均线的跟上。只看5日移动平均线对该股的支持是非常巨大的，最强的股票通常不会收盘低于5日移动平均线。每一次盘整三天5日移动平均线就对股价有推动作用。加上刚开始一般投资者对股价比较高的股票不会特别留意。相信主力机构敢在如此17元高价股发动激烈的上攻行情肯定有题材在后面作为配合。如果没有什么特别的东西或者一般投资者还没有了解到的独特卖点，主力是不会如此凶猛的。高价股最常见的就是高送配除权，填权。如果业绩特别增长快速也会出现更大的行情。

【实战策略精要】

（1）缩量突破大量震仓位是最好的买入点。

（2）第一个缩量涨停是最安全的股票。

（3）5日移动平均线是短线强弱的分界线。

（4）跳空突破，不回补是强势的特征。

【看图分析解密】（图3-7）

超声电子(000823)是非常经典的短线品种，我们在该股2004年1月6日出现放量盘升的时候开始加强对该股的关注。在连续小阳上涨的时候继续看好，当7天累计上涨10%之后，出现正常的回档的时候成交量有缩小。如图所示，股价非常便宜，符合我们的“3D”原则，加上稳健的走势，看盘的人都会知道有主力或者资金在吸筹。由于前一天(2004年1月15日)是阴线，所以涨起来更加直接快速，正如我们强调的有震仓的股票是比较有爆发力的股票。中午收盘前出现突破平台的走势，第一时间建议会员买进，结果出现了巨大的买单。可能出现了主力和部分短线资金追逐的

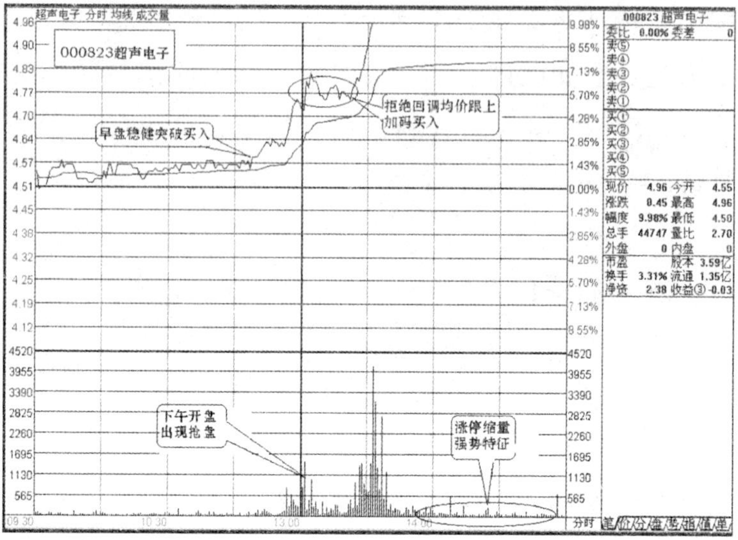

图 3-7

关系。该股快速冲高到 5%以上，非常之强劲。觉得主力的资金非常强大，有可能在大盘配合的情况下出现涨停。于是中午休市时推荐给更多的读者作为短线持股过年的品种之一。在下午出现了抢盘的行情，资金进一步增加的迹象非常明显，在冲高到 7%附近出现回抽，但是连均线都没有碰到就开始向上突破了，确认不回调后果断加码买进的实战时机就出现了。快速放量突破 7%阻力区之后就出现直奔涨停的走势。刚封涨停，抛压马上就缩小了。我们可以判断该股还有强大的往上攻击能力。在实际操作的过程中我们重点要学的是封涨停那一瞬间的封单是否很果断，封单够不够大，抛压怎么样。这就是我们判断走势的关键技巧所在。如果像该股的主力一样果断封住，同时抛压很少，那就是最理想的短线追涨停的好股。如果出现巨大抛单，连续多张 10 万股抛单出现，那就有可能被打开涨停板。一般封住涨停超过 15 分钟不打开就比较安全了。根据瞬间涨停的分析可以让读者第一时间与庄共舞，一起发财。如果你看盘技巧学会了，不需要与实际操作的庄家主力有任何关系都可以抓住最好的机会。

【实战策略精要】

（1）突破盘整区买进可以安全获利。

（2）前一交易日收阴线，第二天出现涨停比较安全。

（3）涨停抛压不大，上涨空间就大。

（4）多关注盘升将要加速的股在震仓过后及时跟进，获厚利。

（5）中午抢盘的股票要注意下午是否有短线机会。

【看图分析解密】（图 3-8）

风华高科(000636)典型的宁波涨停风格，突破盘整区，快速拉升三波上涨快速涨停，巨单封住封杀抛单。该股是持股过年的短线好品种，最典型的放量推

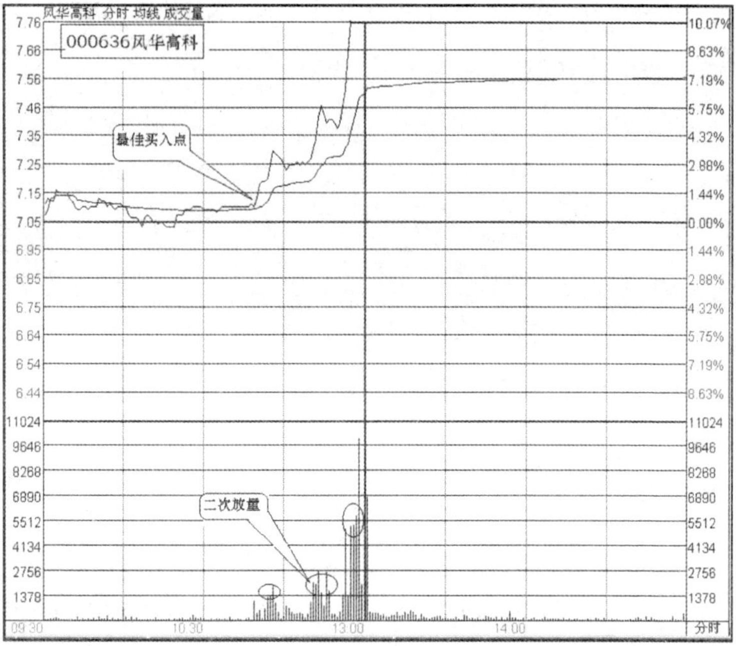

图 3-8

高动作，如果出现盘中 10 万股一笔单的动作你就要立刻加强关注力度，随时可能出现买点的黑马。从短线的角度来分析，我们只要获利 5%就算非常成功的短线操作了。注意分析成交量的变化，如果价格和成交不成比例，那就要注意出现异常波动。还要判断该股中午之前涨停后是否再没有打开过，抛压很少，特别是一直没有大单卖出。短线应该可以还有上攻的力度。因此，短线追逐涨停股的时候要注意启动的力度和市场的感觉。对比大盘的走势，个股是否强于大盘，这对判断强势股有非常重要的意义。挖掘推动大盘上涨的动力所在就等于抓住了主流板块的热门股票。当太多报纸、电视同时推荐同一只股票时，就说明风险已经不远了。

【实战策略精要】

（1）突破均价出现大买单，快速介入。

（2）持续放量在回抽不破均价时介入。

（3）第二次放量介入安全性大。

（4）第二次拒绝回调的时候可能直封涨停。

【看图分析解密】（图 3–9）

宝石 A(000413) 是股价偏低的小双底黑马，在 2004 年 1 月 6 日通知高级会员在下午开盘买进，可是只成交了几万股。在 4.66 元买进的只有 5000 股，股价被推高到 4.77 元附近，在 4.90 元一直有 5 万股左右的压单。我们认为是主力对敲放量的动作，因此在 4.80 元以下大胆介入，收盘之前曾经一度上攻 5 元以上，最高 5.03 元，收盘回落到 4.93 元。第二天开盘就跳空高开 5.01 元，回抽前一个交易日收盘 4.93 元后就开始快速突破均价线如图中的出现金叉加码买进信号。按照强势股强势不改原则，回调不破均价线受到强支撑。可以确认该股短期还有上涨动力，可大胆

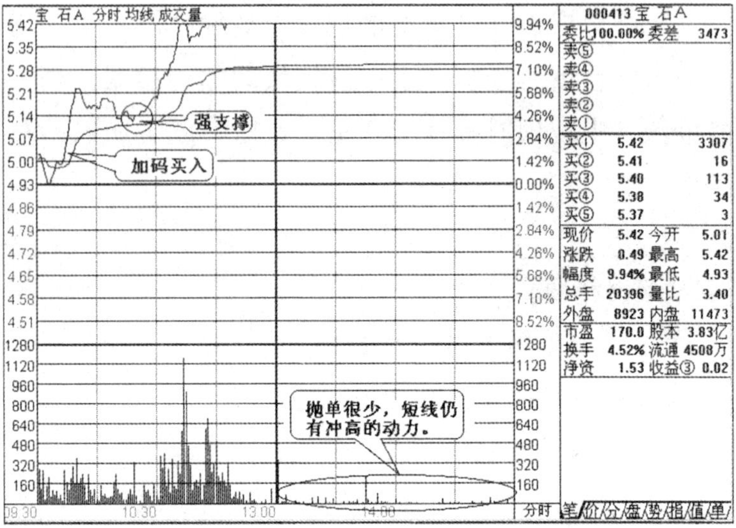

图 3-9

介入，最少也有 5%的惯性动能。果然，10:30 之后出现很多买盘，把股价一直推到涨停板。“开闸放水”之后下午一直没有打开涨停，抛压很小，预示着后市还有空间，虽然已经获利 15%，还是等明天冲高再把所有的底部筹码抛出。投资者在实际操作中要非常重视涨停板后的抛单是否很大，如果发现主力出货明显要第一时间出货，情愿赚少一点也不要被套。如果每次运作都是在启动的时候第一时间跟进，获利后就快速出逃，那套牢的永远不会是你。套牢的原因就是高位没有空仓，换了别的高位的股票也是跟随大盘的回调而下跌，把前面的利润奉献给了另外的风险。所以，赚钱的人永远是不贪心而且很谨慎的技术高手。

【实战策略精要】

（1）快速发现强势股，及时进行盘中追击。

（2）获利后还可以看是否有抛压，如果抛单不多，可卖得更高。

（3）不要获利越丰厚，越是不安，害怕下跌而失去利润。

（4）涨停个股，设定好短线不破均价不出货。

【看图分析解密】（图 3–10）

上海航空(600591)是属于公共事业板块类别的大型航空运输业上市公司。发行价 5.33 元，主承销商是国泰君安证券股份有限公司，主营范围：国内、国际和地区航空客、货、邮运输及代理，行业相关材料、设备及技术的进口业务，民用航空器及设备、车辆的维修，国内、国际和地区地面、水上客、货运输代理等。该股在 2003 年 1 月 14 日和 2003 年 3 月 27 日出现过涨停，而且都是有中国银河证券宁波解放南路营业部的交易席位号上龙虎榜。同时，要注意到该股是具有非常重大背景的上市公司，上市之后就注定了要像华能国际(600011)一样平步青云。股价在 2003 年 10 月 31 日放量突破盘整的平台之后，不断成交量放

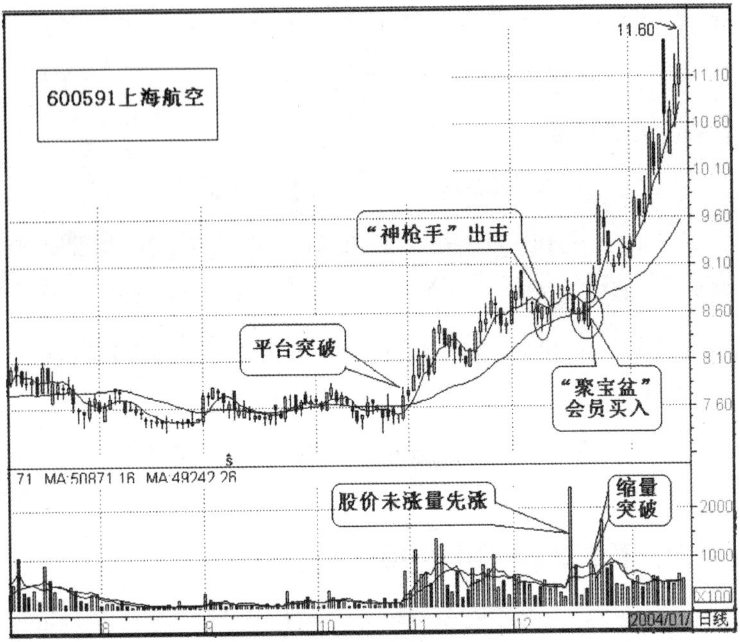

图 3–10

大，股价也节节盘升，同时也出现了我们所常用的"神枪手"出击，"聚宝盆"会员买入等重要信号。我们就要重点关注此类业绩稳定信号突出的短线个股。中线看好短线操作已经是非常成熟的股民应该遵守的准则。

【实战策略精要】

（1）突破重要平台，激进型投资者可以买进。

（2）出现"神枪手"出击信号后如果成交量配合

可以密切关注。

（3）出现“聚宝盆”会员买入信号要果断介入。

（4）缩量突破巨量震仓位是最安全的买进模式。

（5）同时出现几个信号买进的要注意把握加速的机会。

第二节 抓住机遇

我们一生当中可能都会有遇到很多这样那样的机遇，只是当到达你身边的时候，你是否能迅速地抓住它。现在，就是机遇。暴利就在中国股市。经过近三年的熊市，股市中的水分早就被挤干，股民也在新的牛市中学到点东西。局部牛市、阶段牛市、板块牛市，是最近一段时间内股市的最大规律。我们只要把握好大资金的动向。资金流向从各种渠道都可以了解到。无论是基金主导，还是私募主导，或者券商自救，你都可以轻松把握。机遇就在眼前，我们经常这样跟会员说，目的就是让大家对我们重点关注的板块重点个股加大投资力度，采取短平快的策略是我们最常用的手法。

【看图分析解密】（图 3-11）

长江电力(600900)是大盘蓝筹股，刚刚上市的时

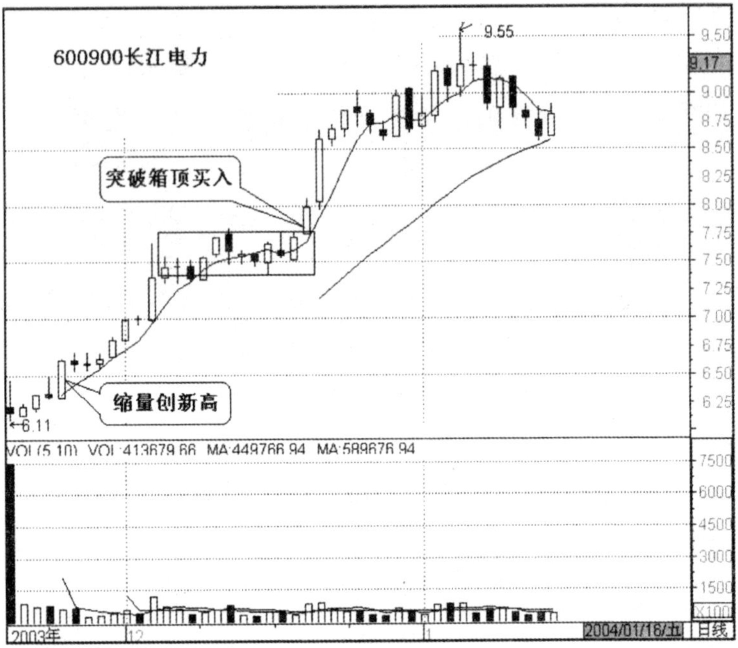

图 3-11

候几乎所有机构对该股的预测都是在 5 元左右。但是，出乎预料的事情出现了。该股第一天以长上影线的小阴线报收 6.17 元。大机构正好在市场不看好的情况下大量介入。随后出现缩量创新高的走势，大阳线突破上市第一天的最高位 6.48 元。在 5 日移动平均线强有力的推动支撑下出现了不断叠创新高的走势。投资者开始出现另一种看法，开始认为长江电力就是领导大盘走出低谷的信号和龙头黑马。介入和跟进的投资者不断增加。在中途出现平台整理过后又出现了加速上涨的态势，连续突破 8 元整数大关和 9 元大关。正在很多市场传闻长江电力很快就要突破 11 元的消息漫天飞的时候，该股却出现了下跌调整的走势。当连续下跌后大家都开始看空的时候，也许又会出现与大家预期相反的走势。或许这就是主力机构的高人之处。

【实战策略精要】

（1）缩量创新高是最安全的买入法。

（2）强势股一般站在 5 日移动平均线之上。

（3）强势调整通常都是 3 天，第四天就向上突破了。

（4）突破箱顶可能出现加速的机会。

（5）牛股的第一次回调是介入的良好机会。

【看图分析解密】（图 3-12）

中国联通(600050)是大盘股，属于通讯类的指标股。如果同一个股票上出现连续买进的信号，是最佳的短线中线品种。不可错过这样黑马股，可以大量介入赚取不可逆转的趋势利润。稳定获利的投资者专业的重要体现。如果管理的资金比较大，通常都是选择流通盘比较大而股价比较低的股票进行运作。当趋势一旦形成，就很难出现逆转。因此，我们要重点发现和关注那些形成上升通道的大盘低价股。当 5 日移动

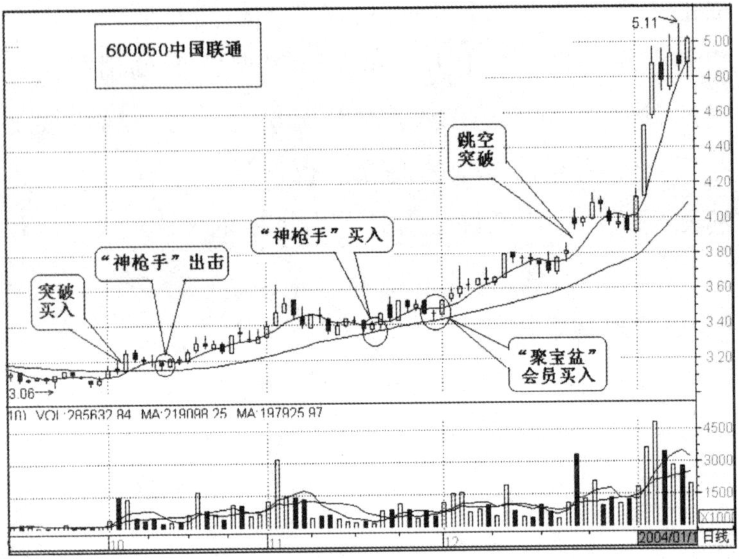

图 3-12

平均线和24日移动平均线形成平行向上的"唐老鸭嘴巴"图形的时候，必须把资金重点投入到这些流动性比较好、进出方便的股票上。如果个人投资者也想学习专业基金机构的操作安全稳定获利，就要仔细分析一下中国联通这样的股票，特别是移动平均线的形态和成交量的变化。

【实战策略精要】

（1）出现突破买入信号要开始加强关注。

（2）出现"神枪手"出击信号要开始买进，稳健买进。

（3）出现“神枪手”买入信号要大胆及时介入。短线买进信号。

（4）出现“聚宝盆”会员买入信号要加码买进。快速攀升的机会马上就要到来。

【看图分析解密】(图 3–13)

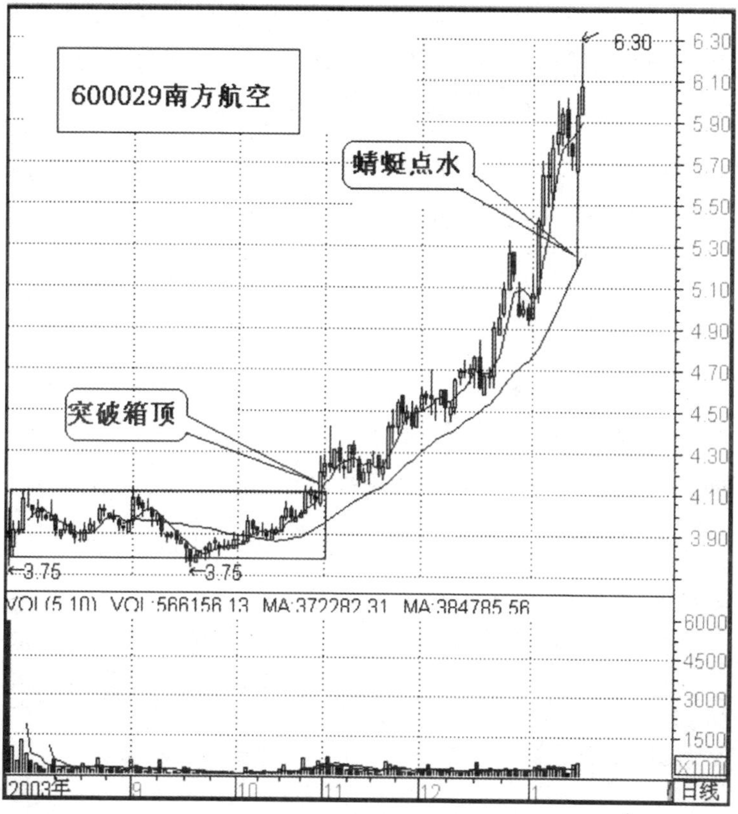

图 3–13

南方航空(600029)是一个基金重点关注的黑马。刚上市就被基金投资者看好而大量介入。经过近3个月的横盘震荡，吸筹工作终于完成。突破箱顶4.10元大关就走向了不断创新高的辉煌。当我们认识到什么叫不可逆转的趋势时，就可以理解国际金融大师索罗斯为什么敢于把规模放大几倍去操作。正如我们自己也有这样的矛盾，突然间，行情好转，好股票太多，自有资金有限。必赚的机会就在眼前，却无法好好地把握。对股票波动的执着专一研究，让投资者获得丰厚的收获。也许不一定是金钱第一，心理成就感还是比较重要些，使自己更加自信。

【实战策略精要】

（1） 突破箱顶，介入的机会出现。

（2） 当股价在上涨过程中出现蜻蜓点水的信号时，可以短线快速介入快速赚钱。

（3） 慢步盘升的股票最容易出现加速，而暴利通常都是在加速上涨的股票上获得。

（4） 注意强势上涨的图形特征，连续收4根阳调整一两天又出现3根或4根阳线。不断大涨小回就是好股票的特征。

第三节　出货原则

在做股票的日子里如果你没有出货原则，那很难想象如何能赚到钱。在赚钱的前提下，什么价格出货都是对的。如果一只股票从 5 元涨到 7 元，赚了 2 元没有出货，那当跌到 6 元时如果你还没有卖出，再跌到 5.10 元就马上要卖出了。在跌破自己的赚钱价之前要卖出。这是一种操作心态问题，不是技术问题。赚钱和亏钱是两回事，不要等到从 5 元跌到 4 元才后悔没有卖出。

一旦热点变成大家关注和认同的焦点，股价将进入一个快速放量加速的阶段，成交量一旦跟不上就是短线出货的最佳时机。不管在什么情况下，都要保持良好的心态，太着急反而不能操作成功。

如果同时出现以下几个条件：

（1）移动平均线空头刚死叉；

（2）成交量 5 天均量线死叉 15 天均量线；

（3）大盘空头向下趋势。

应该果断出货，决不恋战，谁恋战，谁倒霉。

【看图分析解密】（图 3–14）

ST 东锅(600786)是一只有传奇色彩的黑马。在连

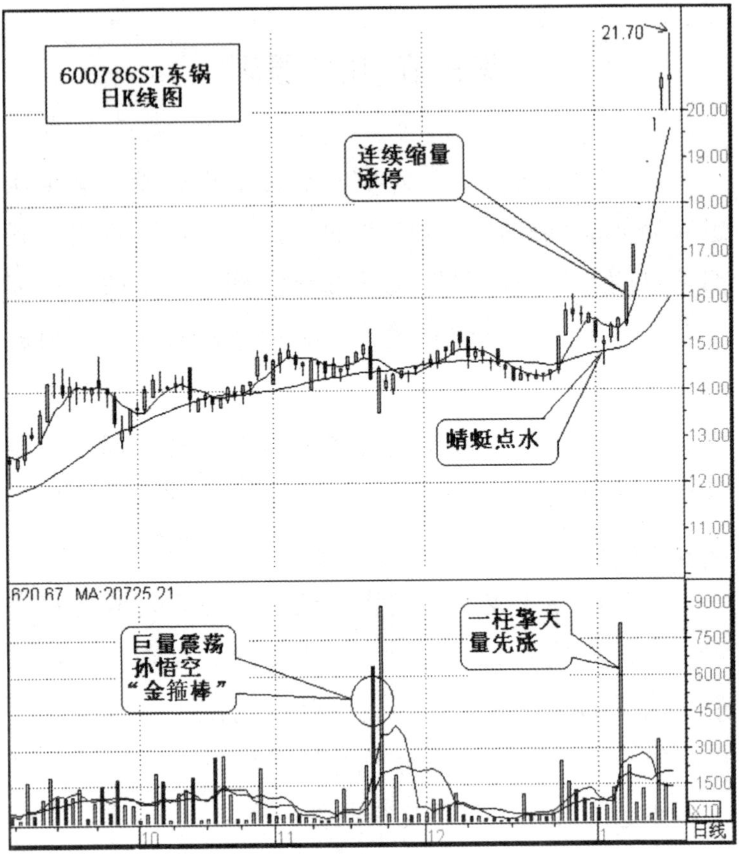

图 3-14

续暴涨之后还是没有出逃，中途出现巨量震荡，只有非常有信心的人还会持有。横盘整理是很厉害的洗盘技术，经过长达 3 个月的横盘整理，我们一般的投资者和短线客有钱赚早就走得比兔子还快。恰恰在这个时候，主力还要使出一招百试百灵的 15 天盘跌，磨你时间，耗你意志。没有耐心的人一般都出货去抓其他大黑马去了。后来，该股出现缩量快速暴涨 10 元的事实，才让曾经拥有过该股的人惊叹，原来自己手上的才是最好的黑马。自己还要不知足，到处寻找凭空想象中的黑马。我们在分析主力意图的时候也许只是主观地认为还有重大利好在后面还没有公告；是主力机构最主要的黄牌，根本不怕到时出不了货；或者主力有更高明的策略，非常有把握套现。

【实战策略精要】

（1）巨量对倒是很多主力采取的策略，以引起市场注意。

（2）把持股者的信心打垮最高明的方法就是暴跌，接近跌停。

（3）最快把跟风盘震走的方法就是涨停封不住，经常打开涨停出现巨大的卖出单。

（4）常常用快速拉高股价的方法脱离成本区。连续涨停、开盘暴涨很多投资者没有办法介入，等到介入的时候已经股价高高在上。

【看图分析解密】（图 3–15)

ST 东锅(600786)周 K 线图出现“三线合一”的暴利买入信号可以重点关注，股价周线形成多头上攻形

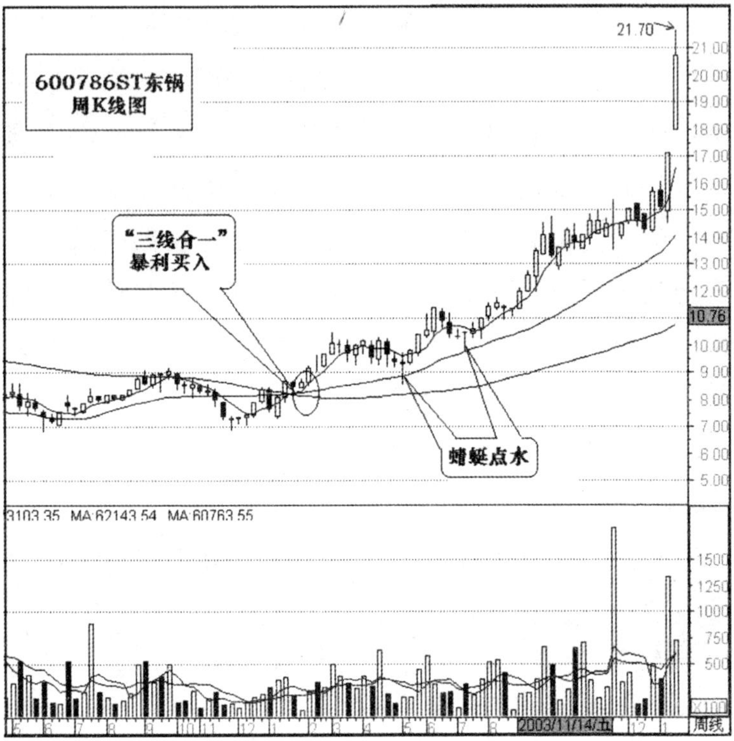

图 3-15

态是短线投资者分析的要点。我们在不断的选股过程中一定要坚持中线多头战略。所谓中线选股，短线波段操作就是这样做的。用长期移动平均线判断长期走势，或者用周线、月线、年线来判断一只股票的长线周期和中线周期所处的阶段，然后制定操作方案。如果不经过思考就操作，那是对自己辛苦赚来的血汗钱的不珍惜。保证金就是我们在股票市场战斗的弹药，不要浪费每一颗子弹。因为，股市上赚钱等于消灭敌人。在长期的上涨趋势确立之后，我们的操作就是每次回档介入，也就形成了生命线金托的多种操作技巧，如图中的蜻蜓点水就是利用回调把握最佳买入机会的市场信号，这就是快速赚钱的形态。在生命线上轻轻一碰就向上涨，说明市场或者主力承接力很强，后市还有上升空间。在突破所有压力的情况下，要注意最佳的赚钱机会已经飘然而至。

【实战策略精要】

（1）要重点关注那种经过长期盘整突破密集区向上的股票。

（2）密切留意“三线合一”的周K线的形态。

（3）上涨途中最佳切入点就是抓住蜻蜓点水的尾巴。

（4）均线多头向上发散就是加速的重要特征。

第四章　心理分析

我们对于长期做股票的人进行了深刻的分析，心理的分析可以清晰得到机构做盘的思路。大多数机构都是采取稳步赢利的模式赚取几乎没有风险的利润的。为什么利润不是很高，但是投入的资金却如此之大呢？这就是风险的问题。有句股民的顺口溜：“无产阶层炒期货，中产阶层炒股票，富人都做无风险。”当一个人的财富累积到一定的程度，就会考虑到稳步保住自己的财富同时实现增值。

前面已经讲过股市研究的主要对象是人，而人的行为都取决于人的心理。思维是指导投资者行动的，我们如果知道主力的意图，知道散户的思想。如果达到知己知彼，理论上就可以做到百战不殆。

因此，除了从技术分析和基本分析两个方向去研究股市能够做到赢利的技术，还可以从心理分析中得到财富。在行情进行的过程中只要你在那一瞬间知道主力的意图，那你就可以简单操作取胜了。

通常的做法就是，假设你是主力你会怎么样做？

目前的点位应该处于什么地方？如何把筹码在相对高位出货？有时候连续暴涨放量可以出货，有时候连续暴跌甚至水银泄地，以跌停出货。这些都是可以从主力的心理分析中观察到征兆的。

第一节 突然集中

当资金和投资机构的心理达到一种共鸣时，而且在同一时间段管理层的意向也跟参与者高度一致时就会出现积极性高度被调动起来，突然集中的情况。或是悲观、或是乐观。同时看好做多的时候会出现资金往股市里挤。集中的焦点就会产生不可小视波动。当投资者的感官达到高度共鸣时，通常都是因为害怕才没有及时跟进明明自己都认为可以赚钱的个股当中，而这些个股恰好真的如预期地跑出。而真正赚钱的人却不多。这就是理解和操作不协调的问题。犹豫是投资者的通病。

【看图分析解密】（图 4–1）

山西焦化(600740)在成交量非常缩小的情况下，股价在相当一段时间内在 8.80～9.00 元之间窄幅横盘波动，在此之前主力机构还没有进入拉高阶段，仍然处于吸筹。等到 5 日移动平均线突破生命线之后，股

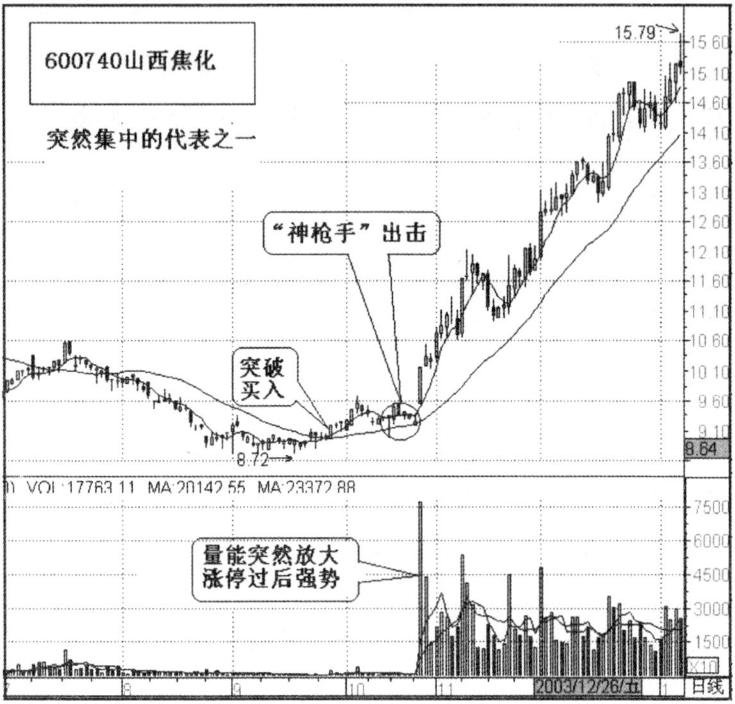

图 4-1

价开始往上窜。然后出现了最后拉升前的震仓动作，2003 年 10 月 21 日出现长长的下影线，然后反弹一天后又调头往下阴跌，2003 年 10 月 28 日出现带上影线的阳线，给人以持续下跌反弹无力的假象。第二天出现跳空高开放量涨停。“神枪手”出击的时候就是在回档到生命线托上的价格良机介入。涨停过后成交量持续放大，比以前明显有更多资金在运作。市场的焦点也在这个时候突然集中到煤炭行业的个股上。正是这种在恰当的时机，恰当的价格，买进恰当的板块龙头品种成功获取市场焦点的利润。一般上涨的情况有三种比较常见：①沿 5 日或者 10 日移动平均线持续加速上涨；②台阶式不断往上拓展空间；③持续放量震荡上涨。如果想第一时间发现主力是否进入拉升阶段，最好看看成交量是否进入比以前放大几倍，而且能够持续的状态。主力如果想股价上涨，一定会对敲放量推动股价的。把市场的注意力集中在一个焦点上，那就是突然集中造成的暴涨效应。作为操盘手，第一时间就是要发现什么题材是领涨的信息，什么股票具有领涨的黑马相。

【实战策略精要】

（1）注意成交量的变化，有机构关照的股票一定是成交活跃的。

（2）突破平台之后的股票要重点关注，一旦出现“神枪手”出击信号更加要高度关注。

（3）确立上涨趋势之后的股票在第一次回档站稳的时候介入。

（4）短期黑马一般大涨 60%以上要注意获利盘回吐压力。

【看图分析解密】(图 4-2)

西山煤电(000983)是一只非常典型的温和放量上涨的黑马。缩量回调，放量大涨，5 日移动平均线和生命线构成了非常完美的突破、回抽、上攻的图形。在出现“神枪手”出击信号的时候要加强关注力度，在确认上涨无疑的时候要大胆跟进。成交量的变化是

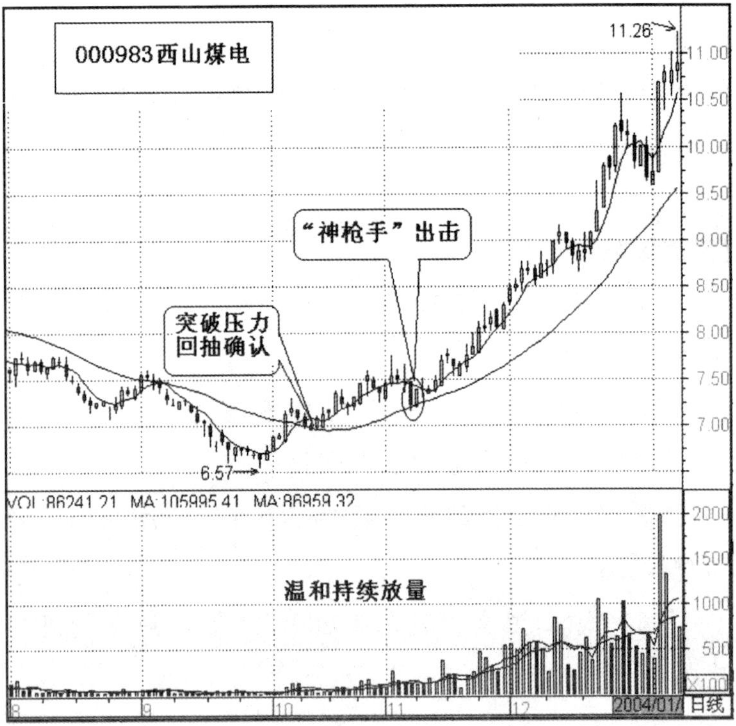

图 4-2

股价上涨的重要判断依据，温和而持续的放量，是股价节节上升的重要支持。一般这样的股票会出现连续上涨之后出现在高位疯狂大涨的特点，如果进入股价在高位涨停，很可能就是短期套现的最佳机会。通常在涨停过后，大多数都会出现大幅震荡，方便主力出货。如果在牛市里，一般的大机构都不会完全把股票卖光，而是做一些短期高位减点仓位，然后到了调整的理想价格又会进行加仓的操作。如今成熟的基金操盘手和机构策划人都接受了价值投资的理性操作模式。根据业绩的预期和行业景气度来衡量投资价值已经得到众多大机构的高度认同。

【实战策略精要】

（1）出现突破生命线之后回抽该线的时候要关注抛压有多大。

（2）出现“神枪手”出击的时候要快速果断判断是否可以操作。

（3）成交量温和持续放大是资金介入的重要特点。

（4）高位涨停之后大幅震荡最好离场观望。

【看图分析解密】（图 4-3）

兖州煤业(600188)提前大盘见底，而且 2003 年 9

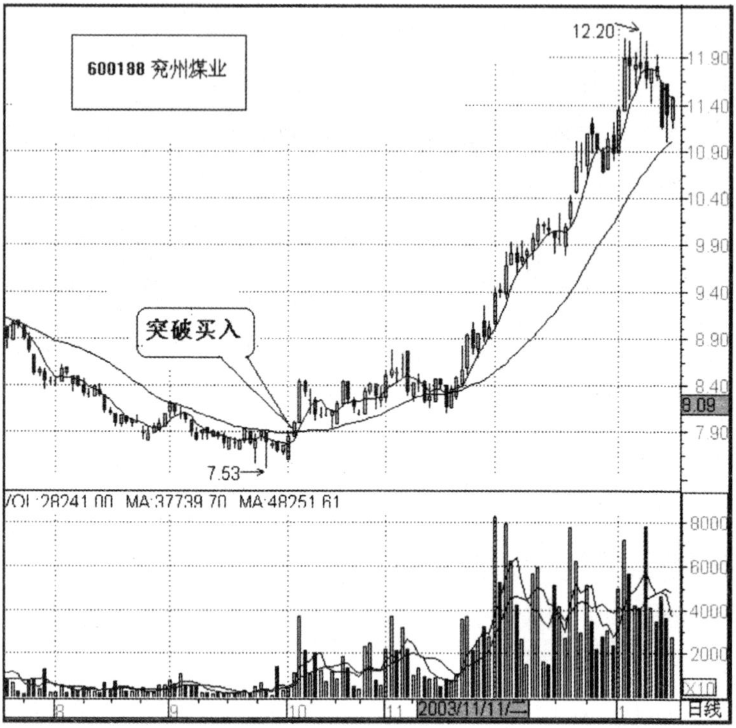

图 4–3

月底出现连续两次的长下影线的 K 线组合。10 月 8 日低开 9.62 元，高走出现与前面两次探底形成强有力的支撑的底部确立形态。然后出现三阳开泰的良好突破形态，在大盘 2003 年 11 月 13 日 1307 点探底止跌之后，迈开上涨牛市的脚步，该股先于大盘见底明显有资金关照，成交量明显放大，显示资金在积极运作，5 日移动平均线在突破生命线之后没有下穿，然后进入三波上涨的行情，短短50个交易日完成50%以上的量度升幅。如果是普通投资者，最好就是把握提前大盘见底，进入主升浪的低价强势股。一个波段涨幅50%的总体波段中也可以顺利获利20%。一年把握几次波段，其实很容易就翻倍了。只是很多投资者错误地把自己定位太高，追求每天抓到5%，结果却不如人意。在每一次波段的阶段性高位没有空仓而把前面15%的获利全部赔光，或者又坐了一次电梯，失去了又一次抄底的机会。

【实战策略精要】

（1）底部连续三根大阳要注意是否有股价启动中线机会。

（2）时刻注意5日移动平均线的斜率，捕捉股价加速机会。

（3）放量之前和放量之后的对比，股价运动的方向受到外力——成交量的推动而改变。

（4）完成三波上涨之后的个股要注意什么时候撤退，不要最后败走麦城。

【看图分析解密】（图4-4）

特变电工(600089)第一波上升以30度斜率上涨，第二波主升浪以45度斜率快速上攻，5日移动平均线

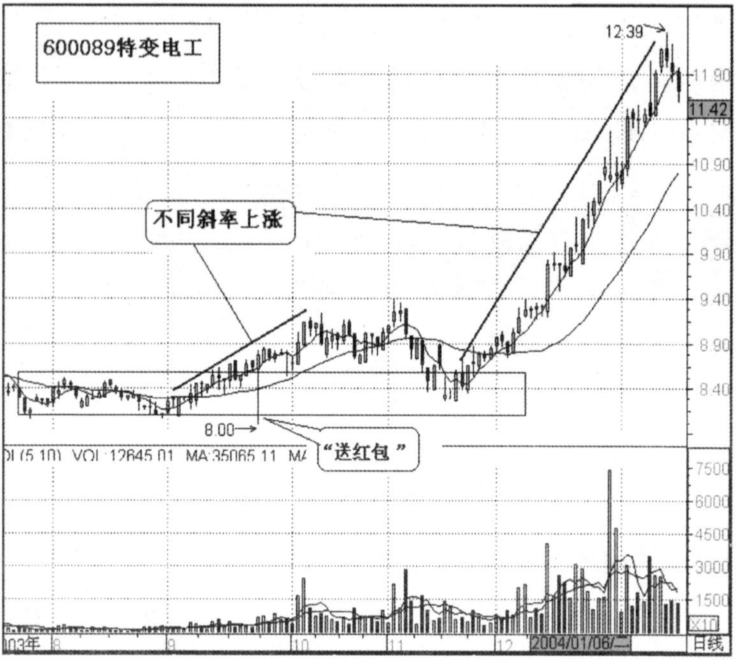

图 4–4

非常清晰地告诉投资者，顺势而为是获取稳定收益的最好操作模式。注意箱底的支撑作用。还有筑底成功之后，快速送红包长下影线动作。这是股市中最常见的送礼现象，预先在最底部已经给关系户或者其他重要人物送上几万股低价筹码，然后股价再也没有出现8 元的最低价了。如果投资者发现在上涨途中或者在明确见底之后出现送红包的信号，要大胆去接受主力的红包。电力设备是 2003 年价值投资基金大蓝筹时代最受到追捧的板块之一，在高抛底吸的过程当中，可能你获取的利润不止 50%。我们用大众的思路去挖掘大家认同，但又有所怀疑的股票可能机会更多。经常利用箱体画图和直线画图的工具，你可以猜到主力下一步的意图，领先一步作好跟踪，决不会出现临盘看分时图时的冲动错误。

【实战策略精要】

（1） 5 日移动平均线和生命线形成平行向上的时候，是比较明确的上升通道，要注意把握回档或者横盘几天介入。

（2） 上涨斜率越大，机会越大，同时风险也越大。

（3） 盘中二次放量和日线放量是股价推动的重要分析依据。

（4） 历史经常会在相同的股票上重演。

【看图分析解密】 (图 4–5)

从穗恒运(000531) 的周 K 线图可以清晰地看出，2003 年第一波春季行情是机构收集筹码情形。在高位周线出现下影线的阴线我们习惯称之为吊颈，跌到最后成交量出现极度的萎缩，也就是空跌见底的成交量。K 线跌幅收窄，然后突破 5 日移动平均线。5 日移动平均线从下跌开始拐头向上，是行情开始的信号。周线

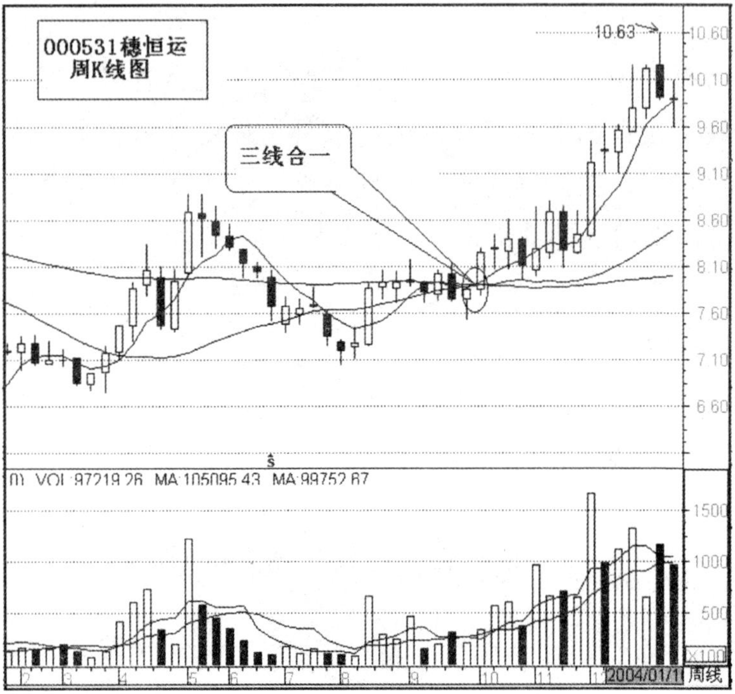

图 4-5

5 日移动平均线的走势对股价日线行情的判断具有非常重要的作用。在长期的实盘操作当中，经常用周线来判断比较长一段时间的 K 线运行规律。当 K 线出现高位滞涨的时候，你就要注意主力是否已经出逃，头部是否在构成当中。坚决保住胜利成果，套现持币观望是实战高手的警觉表现。知进退者为俊杰。一般股价都是在该跌的时候再次往上突破创出新高的，使所有没有信心的投资者踏空。对于中线向上的股票要注意越到后面越疯狂的加速过程，这是获取超常规利润的时期，要重点把握。研究历史，才可以为今日借鉴。

【实战策略精要】

（1）周线出现沿 5 日移动平均线上涨的梅花间竹最后连续带下影线阳线的股票容易催生大阳。

（2）出现三线合一的信号，注意中线机会可能已经到来。

（3）成交量均线金叉与股价突破和均线金叉出现多重共震，则机会更大。

（4）底部逐步提高是良好的趋势，高抛低吸扩大战果。

第二节 暴涨效应

利用暴涨效应产生赚钱效应，调动市场人士进入亢奋状态，所有人都进入了赚钱的兴奋当中。通常我们都是集中优势兵力对少量的个股进行强攻。大规模买进，在涨停板加码买进。连续三个涨停的，特别是缩量涨停，所有短线客都会相信大鳄已经进入。使用快速逼空的手法是最容易出现赚钱效应的。暴涨黑马出现暴涨的黄金赚钱效应，最主要的原则是什么呢？选股的第一原则就是：物美价廉。寻找物美价廉的、价值被严重低估的大牛股票你将变得更加富有。这是股票大师巴菲特的重要原则。我们可以利用国外最成功的投资大师巴菲特和最成功的投机大师索罗斯的选股思路和操盘技巧。

资金推动股价上扬，我们认为当你分析非常准确的时候，要坚信自己的立场，果断跟进。如果你还是很犹豫，那你的利润可能比较少，你的性格不是很适合做激进的短线。其实，中线选股短线操作是很重要的原则。短线万一套住了，中线还是要涨的。关键在于选好个股。如果个股选对了，我们就要有勇气持有。

持股的勇气很重要，如果你抓住了一只好股票，赚了一点就走了，说明你对这只股票分析不够透彻，没有信心。很多投资者的操作属于凭感觉。越是上涨越是害怕，要卖。顺势而为的原则又忘记了。

如果遇到“神舟五号”飞船一样快速暴涨的黑马个股，最好的方法是持股，不收阴线根本不考虑出货的问题。如果这样你可能有意外的收获，正如上海梅林，中视传媒在上证指数 1300 附近绝地反弹的个股。你根本不用害怕它涨，等高位 5 天均线拐头向下再走也不迟。

不要给自己的分析期望太高，平常心对待，但是策略是绝对不容藐视的，正如人的尊严、国家的尊严是不容侵犯的。我们要用血的纪律来捍卫我们的实战策略。

【看图分析解密】（图 4–6）

山东铝业(600205)是一只典型的庄股，该股提前大盘见底，构筑了一个平台，5日移动平均线走平后

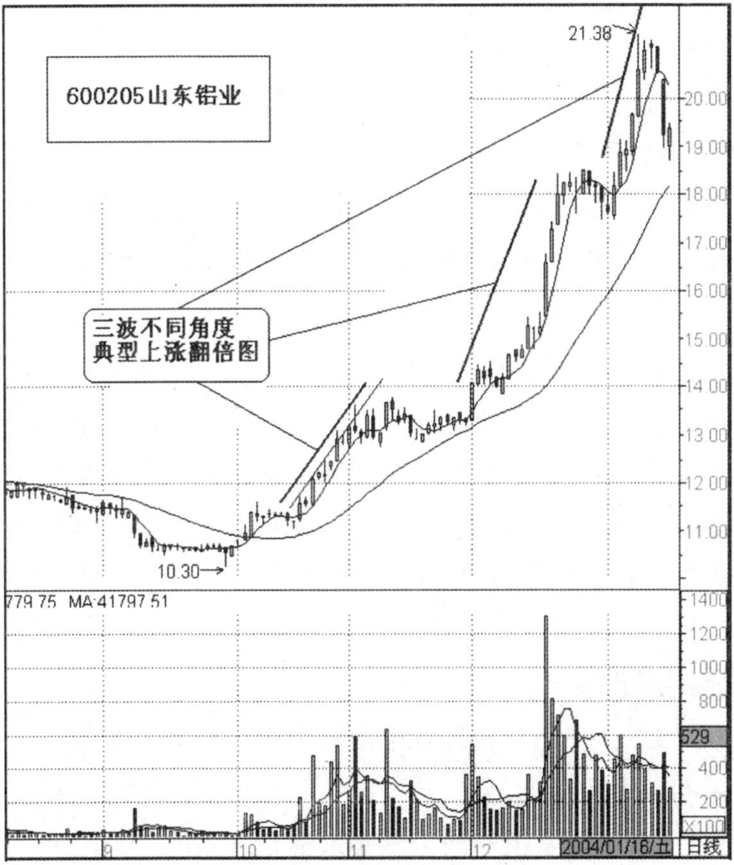

图 4–6

出现往上翘的上涨态势，成交量就开始放大了。突破生命线之后就展开了三波大涨的上升行情。股价在回档接近均线支撑的时候就出现成交量缩小，抛压很少，稍微有点资金介入，股价又长上去了。在上涨的过程中经常会出现放量大涨、缩量小调的现象，正是这种规律给看准个股的投资者很多介入的机会。但是很多投资者的心比较花，今天这只股明天那只股，不会一直专注最好的那只股，总想自己能抓住热点。其实有资金的庄家只做一只股或者两只股，资金少的个人投资者却很多人拥有十几只股甚至更多，根本看不过来，顾不上，更别说主力机构的操盘手法是怎么样了，如何对付了。因此，要习惯关注短期强势股，才更有机会把握住赚钱的机会。当5日移动平均线在高位出现拐头向下的时候就要注意出货。股价翻倍后很难说主力什么时候要出货了，每次出现短期见顶走势都要快速退出观望，这样比较保险。资金操作不容有任何损失超过止损价格或者止赢价格的。

【实战策略精要】

（1）有色金属行业中的股价很多时候都会受到商品期货走势影响。

（2）通常第二波上涨是最猛、最强的上升浪。

（3）股价远离生命线，如果均线不能跟上，就容易出现回档。

（4） 高位放巨量要警惕机构对敲放量出货，在底部则为启动信号。

【看图分析解密】 (图 4–7)

杭萧钢构(600477)是新股暴利的又一典范。庄股时代一直没有结束，短线热点一直在寻找下一个出击的对象。小盘新股历来就是爆发力最强的资金暴炒的良好品种，股价炒高了有送股题材的猜想或者其他制造出来的概念，只是我们也不知道是什么，只看到盘口的买盘是如此强烈，大机构疯狂扫货的迹象非常明显，作为投资者第一时间要做的事情就是介入。事实证明从第一个涨停开始突破下降通道的压力线，放量封死涨停板之后缩量上涨。赶上钢铁板块的末班车，乘上纳斯达克的火箭，一飞冲天。打开钢铁板块的另一片天空，使钢铁板块没有被暴炒的个股成为机构热钱追击的深度挖掘的重点、群众基础良好的金矿。经常出现大盘大涨，暴炒次新股，或者大盘调整，暴炒新股的现象。除了蓝筹股被基金不断推高，股价高耸入云，私募资金和市场热钱高手是不会在高位为任何人接货的。他们只会把握机会突击个别新股或者刚上市首日的个股，宣泄他们的力量表示他们的存在。不管什么基金或机构，只要成功在市场上在不违规的情

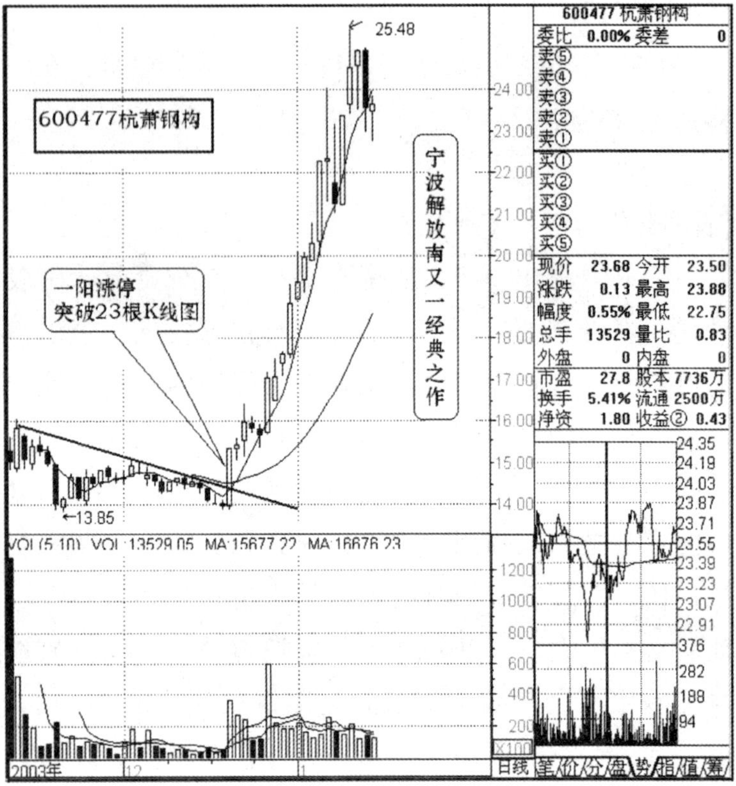

图 4-7

况下获取利润越大就越有地位。做盘的人注定专注和寂寞孤独，与小说中那种武林高手中的高手没什么太大区别。为了奠定自己在股票市场里的江湖地位，有些资金是非常愿意疯狂拉抬一只典型的股票做出赚钱效应的。因此，要重点研究次新股当中具有独特题材的黑马，很容易在大盘短期调整的情况下主力资金集中兵力主攻一只黑马。一旦确认是龙头，就会出现最少 60%以上的涨幅！

【实战策略精要】

（1）以涨停突破下降通道的次新股是短线最强的股票。

（2）要重点关注新股上市后出现第一个涨停的股票。

（3）大幅波动大幅上涨是新股暴涨的重要特征。

（4）创历史新高的新股每日换手率在 7%以上为好。

【看图分析解密】（图 4–8）

吉恩镍业(600432)是一只非常具有代表性的黑马股。在做了一个小双底之后突破颈线位展开一波波澜壮阔的大行情，可以发现主力机构是在该股第一天上市开始收集筹码的。经过很短的时间就完成了收集筹码和震仓的动作，突破箱顶之后就出现创新高走势。一般新股如果出现不断创出新高的走势就很容易受到市场的认同，形成不用太大的成交量就可以推高股价了。缩量上涨的股票可能是因为主力机构已经高度控盘，投资者也看好后市，惜售心理使其不会轻易抛出手中的股票。于是，股价越涨越高。当股价已经突破

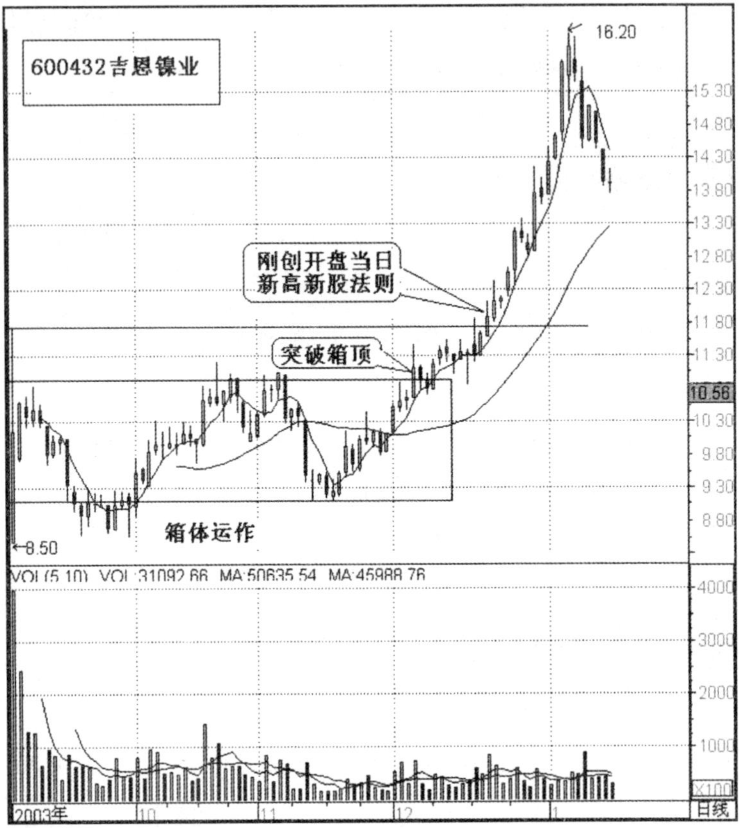

图 4–8

16 元大关的时候，出现了大幅震荡的走势，这就是想套现意图的信号。高位长下影线的阳线或者出现放量大阴线跌破 5 日移动平均线，第二天不能站在 5 日移动平均线之上，就意味着该股中线已经进入调整了。

【实战策略精要】

（1） 经常关注创新高的股票你将成为获利最快的投资者。

（2） 启动之前都要经过非常巨大的洗盘震仓的动作。

（3） 大涨小回是主升段的最主要特征。

（4） 股价高位破 5 日移动平均线主要获利保住胜利果实。

（5） 启动前和在高位股价都会出现巨幅的波动。

【看图分析解密】 (图 4–9)

承德钒钛(600357)是金属类黑马中比较典型的黑马。股价在突破生命线之后回抽确认了一下，就展开了巨量推动型的涨势。量能突然集中，给市场带来非常巨大的冲击力。股价突破 7.50 元之后，成交量比以前放大 10 倍，明显表示有大资金关注，盘中对敲动作明显。如果股价在低位出现大单对敲，就要注意，是不是主力已经吸筹完毕，要进入拉升阶段了。通过成交量的对比，投资者可以发现上涨之前和上涨途中具有明显的不同。股价的上涨是非常需要成交量的配合的，引起投资者的关注，树立强势股的形象是为了日后在高位出货方便。每一步策略都是主力机构事先埋

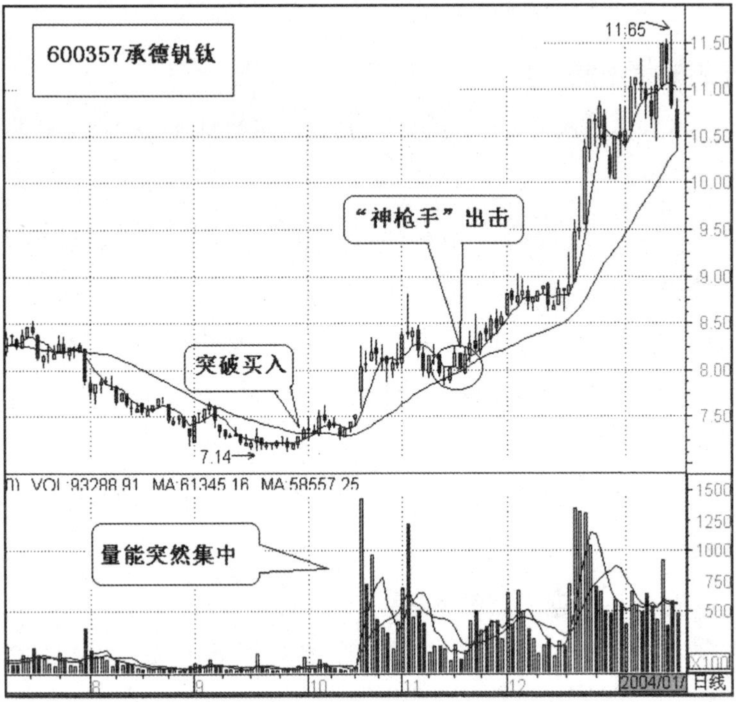

图 4-9

下伏笔的运作。在中线买点"神枪手"出击信号出现时，就是最佳的切入机会。放巨量快速攀升是股价的最主要阶段。

【实战策略精要】

（1）放量突破平台是行情启动的信号。

（2）成交量大幅放大是主力关照的信号，如果股价确定是向上那就是很好的机会。

（3） 连续三天放量才是大黑马启动的重要标记。只放量一天，说明是短暂的行为。

（4） 要重点关注“神枪手”出击信号出现时的 5 日移动平均线和生命线之间的关系和形态特征。

【看图分析解密】 (图 4–10)

山东黄金(600547)上市当天就受到投资机构的重

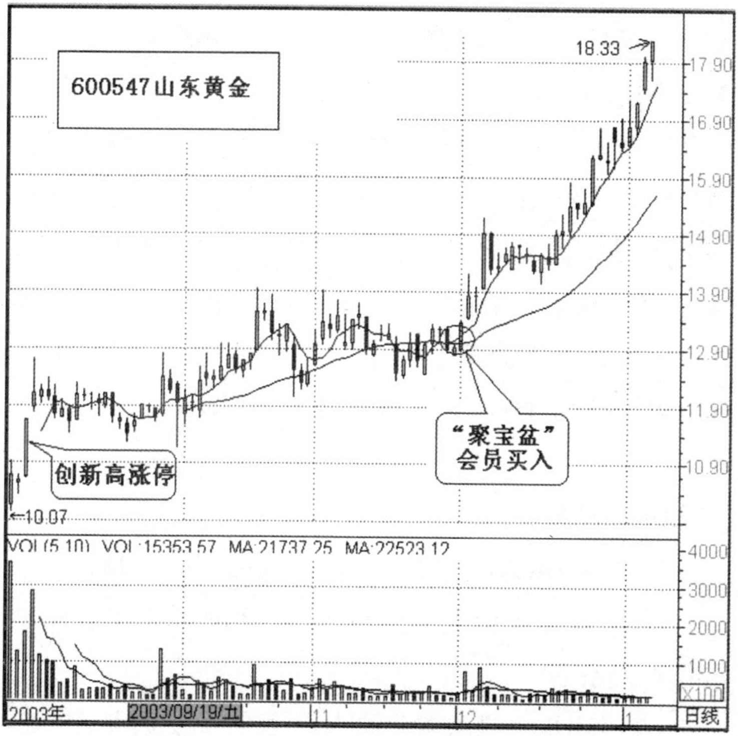

图 4–10

点关注，投资者也很认同该股具有龙头风范，第三个交易日就出现放量涨停，比想象中还要强。连续四天放量大涨之后，短线投资者已经有了很大的获利。主力机构经过一段时间的横盘整理，很快就把获利盘洗出来了。股价又开始了中线的盘升走势，在出现“聚宝盆”会员买入信号之后，股价出现了快速拔高的凌厉走势。45 度角的上升斜率在 5 日移动平均线的依托下非常轻松地叠创新高。股价的加速上升与成交量的萎缩却出现了很大的背离，是持股者不敢持股的最主要心理压力。国际黄金价格的大幅上涨，带动了国内黄金价格的上涨，股价也受到很大影响。投资者的惜售心理是上涨途中成交量不大的重要原因。流通盘的大小也是很重要的判断机构是否相中的依据，该股 6000 万流通盘，股价在 10 元附近，最适合中等机构进行操作。上市的第 89 个交易日达到了 18.83 元的高价，累计涨幅 80%，完成机构既定目标。

【实战策略精要】

（1） 要中线关注刚上市就出现涨停的新股。

（2） 注意股价上涨的斜率，还有股价与 5 日移动均线的关系。

（3） 出现“聚宝盆”会员买入信号要重点关注。

（4） 高位跌破 5 日移动平均线是获利了结的信

号。

【看图分析解密】 (图 4-11)

锡业股份(000960)是比较典型的强庄黑马股，该股在2003年8月22日出现了最低5.60元打桩起飞的信号，开始了每天碰到5日移动平均线的稳步盘升走势。在底部扎实之后9月30日和10月8日连续两天下影线回试了生命线强烈震仓结束，10月8日当天就出现了放量拉涨停的走势。伴随着成交量的大幅放大，

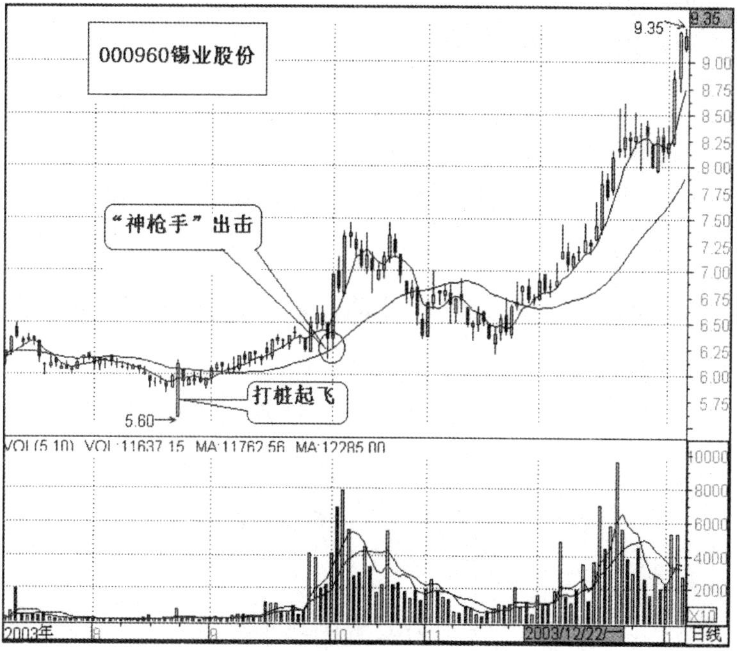

图 4-11

股价也就上了7元之上了。第一波上攻达到30%涨幅属于快速收集筹码，在2003年10月13日见到7.48元，10月22日见到7.47元没有创出10月13日的新高，形成双头，展开下跌行情，通常第一波行情都会打回原形，11月19日跌到年线价格6.30元，也就是启动之前的平台受到强大支撑，最低下探6.20元就开始回升了，以6.40元收盘稳站年线之上。结束第一波调整开始温和放量的主升浪行情。轻松突破7.50元的压力，直接达到8.60元以上才出现调整，经过一周左右的短线调整又突破了9元大关，累计涨幅达到50%以上，完成量度涨幅。

【实战策略精要】

（1）出现底部或者上升途中的打桩起飞信号要重点关注。

（2）密切注意窄幅波动温和放量上涨的个股，随时可能出现加速。

（3）通常出现猛烈震仓的股票，上涨的速度要更加凶猛。

（4）高位大阳线如果成交量未能有效跟上，要注意随时开溜。

（5）股价出现双头或者圆顶的杀伤力是非常巨大的。

【看图分析解密】　(图 4-12)

国阳新能(600348)是一只业绩优良的次新股，上市的时候适逢大盘缩量下跌，市场非常低迷，一片悲观。业绩优良的国阳新能的价值被严重低估，当时上市的新股都是定位比较低的，刚好是主力机构吸筹的最佳良机。经过三四个月的 8.30～9.30 元之间的窄幅波动的吸筹阶段之后，行情已经明确见底，该股才缓慢开始往上推升，经过两次确认生命线支撑后就突破

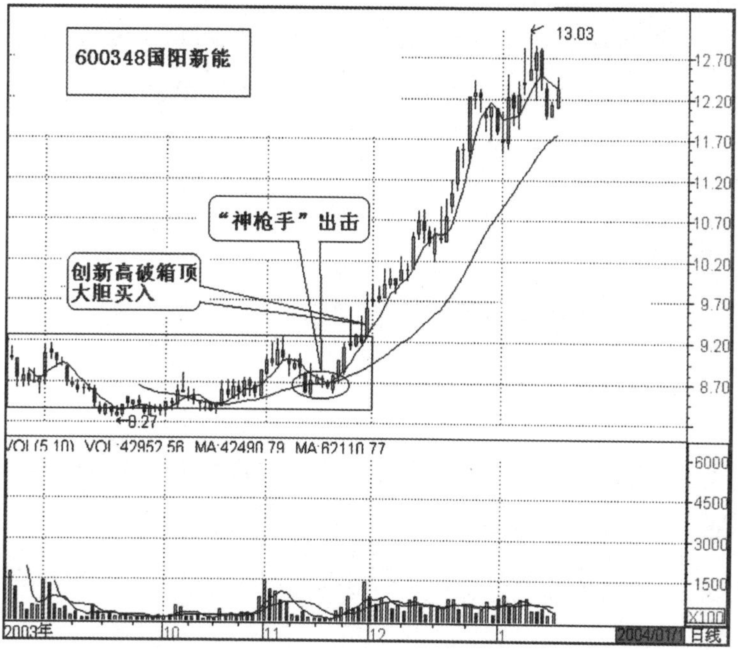

图 4-12

了箱体，展开了一波不断创新高的强势走势。经过三波上升之后达到50%以上的量度升幅。对于类似的不断创新高的股票可以用相同的方法操作。以5日移动平均线为买入价格，以跌破5日移动平均线三天不能重新站在该线价格之上为止损或者止盈价格。完成50%以上的涨幅就不能重仓高位介入了，情愿不赚这个钱也不要冒这个风险。只有舍得放弃高风险的收益，才会得到低风险的稳定收益。因此，在风险出现之前，股价的走势已经通过盘面告诉了投资者，作为稳健而成熟的专业投资者需要有严格的风险控制能力，在有犹豫的时候就要控制好仓位，超前把握主动权。缩量通常都会是出现回调的先兆。把握切入的价格和出货的时机是投资者成熟的表现。

【实战策略精要】

（1）出现“神枪手”出击信号要加强关注力度。

（2）突破箱顶创出历史新高要重点关注，因为主力能让所有人都解套，目标就不会这么简单。

（3）高位大幅震荡或者高位出现放巨量，都可能是主力已经想出货。

（4）5日移动平均线从加速向上到走平要注意风险。

第三节　水银泄地

股价暴跌对持股者的伤害是很难形容的。精神受到严重的摧残，面临的家庭和外界的压力是普通股民难以承受的，特别是非系统风险，或突发性消息重大利空，股价连续暴跌，十个跌停的记录一再刷新。如果你经过惊心动魄跌停的磨炼，那你对风险的意识就一定比较清晰和深刻了。而很多投资者被突如其来的下跌所麻木了，脑袋里空空，什么都没有想，操作上更加没有反映过来。一切都是投资者难以预料的。股市千变万化，总之难以让人琢磨透彻。

在一些老庄股，庄家已经没有耐性再做了，已经出掉一小部分货就可以捞回成本了，或者早就已经从差价中赚回本金，只要把股票套现就是纯利润。那你想象一下，就知道了。不管是暴涨暴跌，只要有波动，精明的机构都可以从中获利。或者暴跌后把高位的投资者变成是免费的锁仓。一般的情况下，投资者在股价暴跌后都没有资金补仓，更不会割肉离场。这正是散户的最主要心理行为。

【看图分析解密】(图 4–13)

福耀玻璃(600600)是明显的庄股，庄股的走势就

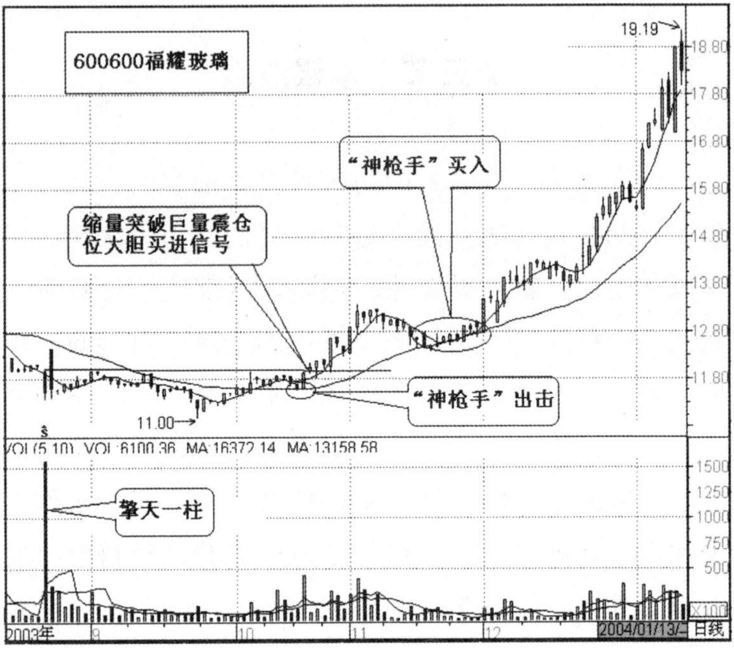

图 4-13

是比较特别，当机构主力已经收集够筹码之后，就不会轻易出货，而是一直不断往上推高股价，使自己的账面利润不断增值。此时，如何套现也是一件非常需要智慧的事情。如果只是一味去推高股价，到最后又会出现与暴跌跳水个股一样的命运。仔细观察该股走势图，出现擎天一柱巨量就是要长期关注的信号，当出现“神枪手”出击信号的时候，该股就出现放量突破的走势。缩量突破巨量震仓位是最佳的切入时机。因为如果主力机构前面是放巨量出货的话，后面就没有必要突破拉高股价，浪费自己放巨量时对敲的手续费和资金。如果不是出货，那股价就应该大涨了。震仓之后通常都是横盘磨投资者的耐心，经过一两个月的横盘，再有耐心的普通投资者和短线客都早就出货了。很多实战经验告诉我们，经过巨量震仓的股票后面的涨幅也许会非常之巨大。要不然主力不需要花那么多时间和精力去策划如何把那些不坚定的人踢走。清除短线客和获利盘都需要凶狠的震仓动作。每天的走势都是经过精心策划的，而且是根据不同的大盘走势进行修正。如果能够看懂主力的做盘细节，你也就会看盘面语言了。在主力坚决做多的时候你可以顺势介入，推波助澜；在主力想在高位出货的时候，你果断杀跌第一时间出货。当出现“神枪手”买入信号时，在大盘看多的情况下可以大胆介入获取短线利润。

【实战策略精要】

（1）对做多的庄股要谨慎把握每个波段。

（2）频繁与庄家对敲或者大单操作，都会打乱主力的思路。

（3）最好是选择出现“神枪手”出击信号或者“神枪手”买入信号时才进行操作。

（4）以主力成本为参考，不要过分追涨。

【看图分析解密】（图 4–14)

通宝能源(600780)是明显的庄股，该股的主力机构一直在其中长线运作，而且魄力惊人，经历了长达两年多的不断运作还没有大规模出货套现的迹象。在2002 年 1 月份开始经过了熊市的洗礼，2 月份开始了不断往上创新高的历程。在 2002 年 12 月 3 日出现擎

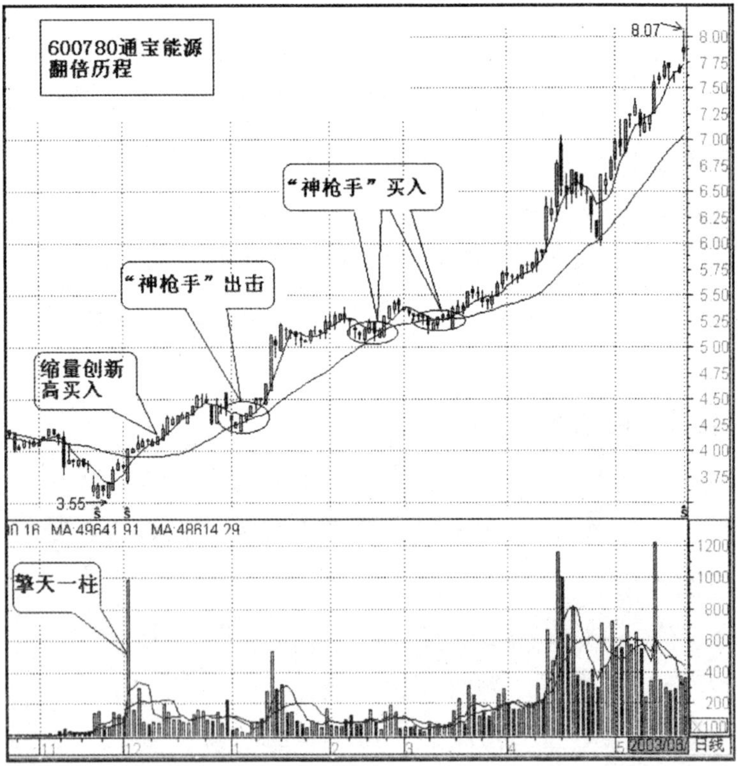

图 4–14

天一柱的底部放巨量的信号之后，主力运作的迹象更加明显了。从十大股东当中流通盘的股东来分析更加会知道机构运作的模式。其中主要有易方达平稳增长证券投资基金、科瑞证券投资基金、上海宝时实业有限公司、科汇证券投资基金、上海申能实业有限公司等三家证券投资基金和两家上海公司。从资金面来说，基金管理公司可以说是股票市场的老大，如果是比较成功的品牌基金每年分红都会非常可观，销售也会备受追捧。自从价值投资受到市场的共识后，基金持有的业绩优良的大盘低价蓝筹股受到投资者的青睐，股价的上涨也给基金投资获得了良好的收益。在良性循环的情况下，更加增强了主力做多的信心。该股稳步上涨，半年就翻倍了，两年累计涨幅超过200%，成为市场中非常成功的运作高手。通常投资者可以从技术图形发现有机构在里面运作，如盘中对敲放出巨大的成交量底部出现擎天一柱，还有就是上涨阶段明显成交量大于盘整下跌时的成交量。如果从周线分析也许投资者更加容易发现多头的中线个股。不管是短线投机还是中线投资都需要关注大资金介入很深的具有爆发行情的业绩和题材个股。

【实战策略精要】

（1）发现庄家，盯住不放，持续操作。

（2） 从成交量入手，彻底分析不同周期的走势和形态，选择强于大盘的强势股。

（3） 长期跟踪运作强势股的投资机构或者基金重仓股。

（4） 在出现明显信号如“神枪手”出击、“神枪手”买入等信号时及时把握短线机会。

第五章　停止亏损

虽然报纸上每天写着，证券营业部墙上贴着“股市有风险，投资需谨慎”，但是就如同香烟盒子上写着的“吸烟危害健康”一样，大家置之不理熟视无睹。许许多多的人仍然没有真正意识到股市的风险，尤其是新股民，往往在没有建立一套风险控制方法的前提下就贸然入市，即使适逢大牛市也逮住了几只死耗子，但秋后算账仍旧是亏损。学会控制风险、学会止损是股市入门的第一课！

为了停止损失，保住现有市值，需要对于失去控制的风险立即停止下来。很多投资者所困惑的只是不敢面对事实。很多投资者都害怕下跌，也害怕上涨，为什么呢？怎么不是期望股市上涨吗？手中持有股票出现了上涨，通常的投资者都选择赚钱最快的速度抛掉，由于害怕下跌，所以抛空。但往往股价都是上涨的股票不断在上涨，不动的股票还是没有多大涨幅，强者恒强已经成为股市中的一大特点。在股市不断下跌的过程中很多人手中的股价已经明显要下跌，就是怕明天反弹。一等，最佳卖出时机错过。之后就麻木地持有一路下跌的股票以至亏损30%以上。

经过长期与投资者朋友的交流，我们发现投资者亏损的重要原因之一就是，不会止损。根据不同性格的人，制定不同的操作风格。我们给大家一个简单的方法作为止损的原则。如果你是短线激进型的投资者，以2.5%加上手续费控制在3%以内比较好，不会打乱你的操作手法。如果你是中线稳健型的投资者，以买入价算，当亏损7%的时候你就要止损出局了。掌握好止损的方法你就不会出现严重的操作战术错误。不管短线激进型还是中线稳健型或者长线钓大鱼的性格类型，如果连续出现三次亏损而中间没有获利过一次，那就要坚决空仓休息至少三天，以调整心态。因为你连续错误，证明市场感觉跟现实中的不符合，节奏跟不上。再不停止，就会出现巨大亏了！

努力做个理智的投资者，不要以赌博的心态投资股票。

第一节 割 肉

不会在适当的时候割肉就不会成为真正的实战高手。没有永远每次操作都成功的操盘手，只有灵活作战的应变策略。其实所谓的割肉是损失一点保住本金，正因为止损及时所以对本金伤害不大，才可以做到绝对地安全，经常在操作过程中要注意的是，一定要把握止损时间越快越好，还有热点退潮的节奏，才可以尽最大可能减少看错时的损失，以待机东山再起。

有的人一旦被套，就以做长线自我安慰，其结果大多是越套越深，同时也有人被庄家三震出局，刚一卖出，股价便扶摇直上，一去不回头。第一种人止损价位深不见底，实际上就是没有设定止损价格。第二种投资者设定的止损价格过高，轻易被庄家震出。更多的是本来是获利状态，结果股价下跌，总是计算着如果昨天卖我能赚回多少，迟疑中股价已经跌回成本区，在迟疑中已经由获利变成亏损。这种来回坐电梯的人绝对不是少数，失误的原因是在于没有设止赢。

对于风险的控制，一般短线机构都要求比较严格，通常控制亏损达到买入价的3%就要果断止损了。如果出现连续三次失误，就要马上停止所有的运作了。市场已经非常难获利，作为专业的理性投资者要坚决执行自己的交易原则。否则，只会成为一般的大众投资者，不会成为专业的高手。做到平常心操作是非常需要修养的。如果总是在急躁和恐慌之中度过每一天的交易，那心理会受不了的。如今的股市已经是非常多成熟股民构成的股市，很多投资者都是高学历高智商的人，如果没有过人的胆识和过人技术功底会很难在股市中成功获利。

割肉只会对自己的保证金损失一点皮肉，不会造成伤到骨头那么深。错了就要马上改正，越拖或者不愿承认自己错了是股民最大的悲哀。著名投机大师索罗斯正因为做到了客观科学地认识自己并及时发现自己的错误以及承认错误马上改正，使他成为非常出色的交易大师。我们普通的投资者更加容易出现错误，但为什么我们不能正确对待和认识自己呢？出错很正常，没有错误才是不可能的。只要我们有一套非常完善的应对策略就可以成为常胜将军了。

【看图分析解密】（图 5-1）

公用科技(000685)是大家比较熟悉的一只庄股，我们从图形的特征可以清楚看到在股价上涨的过程当中是一直处于标准上升通道当中的，股价在高位出现长下影线的阴十字星，再来一个大幅跳空高开 18 元，后面一路杀跌在接近最低点收盘跌破 5 日短期移动平均线。这预示明日没有什么好的行情，弱势非常明显，主力机构出货欲望强烈，最好当天收市前就把货清空。次日反弹无力，大阴线报收。一定要及时割肉离场。在生命线盘整几天无法止住下跌态势站稳 15.30 元，收市跌破生命线必须执行砍仓止损出局。股价一路狂泄快速跌破季度线，下跌趋势已经确定一段时间内无

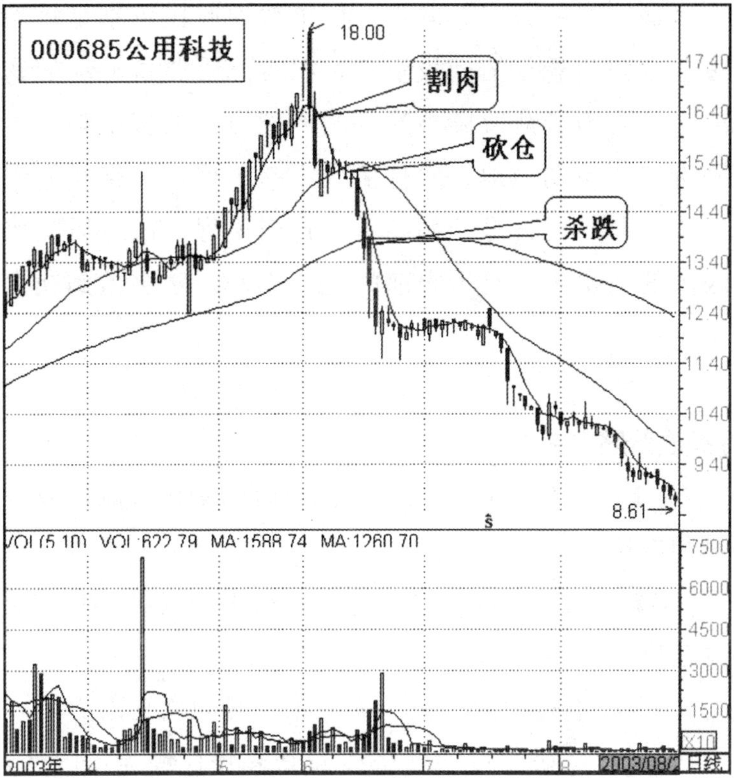

图 5-1

法挽回。在这种必跌无疑的情况下必须坚决执行杀跌的操作程序。不管自己的成本价格是多少，都要第一时间杀跌空仓持币观望。对于股价的波动一定要随时保持警觉性，特别是具备出货空间的股票。当股价在暴涨之后，随便去追都是会有很大风险的。为了保存胜利果实或者保护本金最好还是空仓观望为上策，没有其他更好的方案。但是，如果普通股民特别是每天去证券公司看行情的投资者，很难忍受股价波动的诱惑。通常为了博取微小的利润而把自己的资金陷入一种进退两难的境地，此种情况不断出现，值得我们深思。克制自己，是一种高手的投资境界。面对风险比较大的情况下，对于眼前的蝇头小利，学会做到视而不见。

【实战策略精要】

（1） 高位出现大阴线，第一时间割肉离场，或者获利出局。

（2） 股价在高位跌破5日移动平均线第一时间减少仓位。

（3） 高位快速跌破生命线第一时间砍仓出货。

（4） 跌破季度线，中线看跌趋势已经无法改变，空仓休息。

第二节　砍　仓

人总是喜欢爱幻想的。止损是一个动态的概念。如果买进后，股价上涨，止损价应该随着股价的上涨而提高，有时可以以当天收盘价格作为止损价格。此时的止损本质上是止赢。理论基础是不可能也不要奢求卖到最高价格，及时入袋为安获利出局就已经可以了。相反，如果买进后，股价下跌，说明判断前面买进的行为是错误的，应该及时纠正错误，而不要抱有任何的幻想，达到止损价位果断割肉砍仓，以保存实力。一个铁一样的事实大家都非常清楚，股价下跌50%后，想回到原来的股价需要上涨100%。这就是许多人套牢多年不解套的重要原因。

完全判断错误就要果断砍仓出局，犹豫的人总是最难成功的。股票操作想成为高手，必须培养自己果断的性格。犹豫不决是兵家大忌。

砍仓需要很大的勇气，如果你想重新操作，回避那种股性非常不活跃，而且每次都是在大盘要调整的时候才开始滞后补涨的股票，恰好遇到大盘下跌，就会打乱主力运作。费时费力又没有太大收获。

在没有资金的情况下，大盘明确见顶，个股也已经到达了阶段性顶部。如果你是高位深套其中的要果断出局，砍仓离场，持币观望为主。千万不要有那种“死猪不怕烫”的赌博心态，股市是要用理性知识和智慧来战胜自己的。没有丰富的经验是很难发现短线黑马的。如果在每一次阶段性顶部的时候出来，或者发现主力已经出货，股价很难再上去，就要壮士断臂砍仓出来，等待该股阶段性底部站稳，而且有开始走好的迹象时再开始重新介入。反复做同一只股票的波段，不管怎么样，都可以获取一定的收益。如果想速度快一点，就要使用激进的积极操作方法，对于多头的有成交量配合的股票进行深入地研究，快速抓住市场的热点把握快进快出的机会。但是，不一定所有人都适合这种专业投机系统运作的模式。

更多的投资者是上班一族，没有那么多时间来研究和看盘，只有在下班后或者忙里偷闲上网看一看或者补接收一下家里电脑的股票数据，再进行盘后分析。我们认为上班一族最好是中线选股短线运作。从中线的角度分析大盘的大方向，然后顺势选出中线的品种。一般持股 1～2 周。到了高位敏感区就坚决不入市，不贪心要赚到最后的疯狂，情愿放弃赚钱也不去冒险。

【看图分析解密】 (图 5-2)

江西纸业(600053)是一只曾经被主力机构暴炒过的股票，当大盘 2003 年的春季攻势第一波攻击浪到了 4 月 16 日见阶段性顶部的时候，该股在高位大幅震荡，想出货的欲望非常明显。特别值得分析的是在 2003 年的 6 月 5 日该股大幅反弹至 10.65 元，然后出现高开冲高杀跌的走势，形成一根长上影线的大阴线。非常重要的是，成交量根本跟不上前期上涨的成交密集区的量能。反弹无力是止损出局的最佳时机。跌破生命线，然后再跌破季度线就出现了盘跌的走势。当

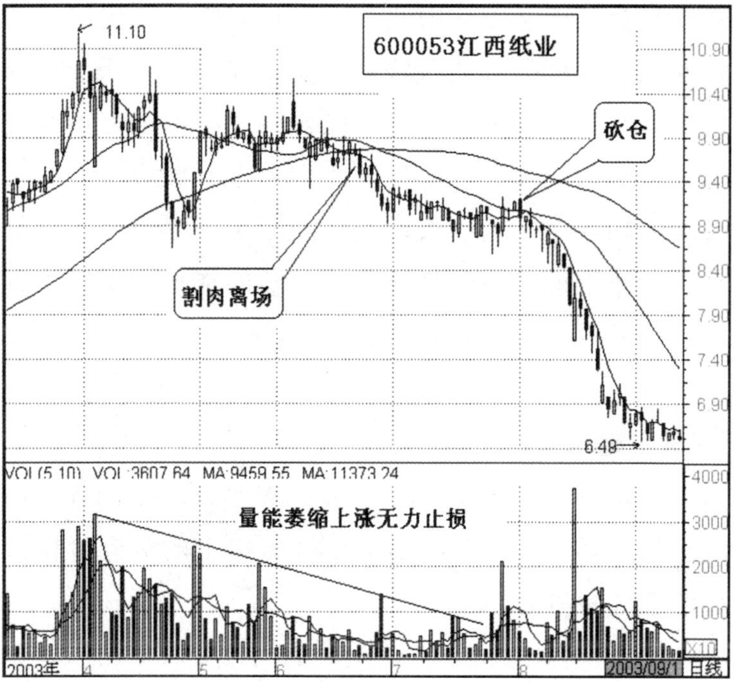

图 5–2

一根阴线跌破平台的时候，当天就要果断割肉离场，也不要存有明天可能反弹的错误心理。当明确下跌趋势的时候所有移动平均线反压股价，形成巨大的下跌动力。当再次反弹生命线无法站稳，而且成交量极度萎缩，可以说是必死无疑，要坚决砍仓。股价是有生命的，当股价在生命线上方运行的时候可以认为是强势。当股价跌破生命线无法三天内站在上面就是股价已经走弱了。当下跌趋势已经形成，然后反弹生命线受压将会出现暴跌。因此，要当机立断马上出局。如江西纸业(600053)的日线图，出现了连续地暴跌 30%还没有止跌的迹象。我们在操作的过程中千万不要轻易去抄底做反弹。经验告诉我们一定要做股价在 5 日移动平均线之上的股票，最好的多头均线组合，股价在生命线上面，而且形成股价上涨的依托。这样才可以避免很多因为技术问题而产生的损失。

【实战策略精要】

（1） 股价反弹的压力位通常是前面头部的 5 日均线价格。该股有两次达到 10.53 元以上的解套价格给投资者逃命机会。

（2） 明确破位下行，重要的支撑变成重大压力要立即割肉出局。

（3） 当股价盘跌，反弹生命线无力再上涨的时候要清仓。

（4） 对弱势股坚决不等反弹，不做反弹行情，不随便抄底！

第三节 杀 跌

股票涨跌有势。涨势在众多股民犹豫怀疑当中渐渐往上推动，跌势在不知不觉中已经破位，重要的支撑点变成了重要的压力位。

所谓杀跌，就是杀必跌之势。个股阶段性下跌趋势已经确定无疑，个股后市走势一定跌，则趁早开溜。把这样的股票全部从持股中剔除出去，以免影响股票总市值的下降。

进退有则。如果做股票买进和卖出没有原则，就会出现盲目随意投机的操作失误。出货一定要按照市场的规律进行。特别是头部已经确立了，则一定要坚持减仓操作，降低买进个股的操作频率。保持重多现金在手。逃走是一种高明的做法，在股票市场如果出现头部普跌的迹象，那一定要果断逃命。保住胜利果实，保存有生力量——资金。

所谓停止亏损最好是预防亏损或者根本拒绝亏损，未雨绸缪好过亡羊补牢！古人云："危邦不入，乱邦不居。"有危险的时候，我根本就不操作，试问庄家奈何？热点混乱频繁我快进快出不长期持有。通过自己的思考，你可以从古人的经验得到启示，不会乱了方寸！

坚持自己所坚信的趋势分析，不管老庄股如何大幅上涨，也不去赚这个钱。不相信电视股评和报纸推荐的公开黑马，一定要自己研究股票。长期跟踪，发现机构的做盘动向，随机而动。只有长期研究暴跌的股票才可以避免踩上地雷。只有谨小慎微才可以在股票市场上生存的时间长一点。盲目的冲动已经给所有没有事先做好功课的人很大教训。我们避开所有思想约束，用开朗乐观的心态面对每一天的操作，并且做好看盘记录，把特别重要的盘面特征记录下来写成自己的日记。这样反复研究和分析，预测明天的走势，这样可以快速提高自己的实际分析水平和增强实战的操作水平。

【看图分析解密】（图 5–2)

古越龙山(600059)是非常明显的庄股形态，而且每日都有庄家自己的对敲单在维护股价。由于没有散户愿意高位去接货，也许是资金链有出现了问题。该股出现了不断盘跌的带下影线的“毛毛虫”状态下跌。这种图形随时会出现暴跌。随着形态不断跌破 5 日、生命线、季度线，抛压越来越重，最后出现第一个暴跌超过 7%以上跌幅开始一泄千里，不可收拾。当出现多重均线反压股价而且根本没有成交量放大，说明机构已经放弃护盘的操作，没有资金进行自救了，就在这个时候出现雪崩的走势。投资者一定要谨慎，不要碰这种图形特征的高度控盘而没有成交量推动的股票。一旦有什么风吹草动，第一时间逃命要紧。

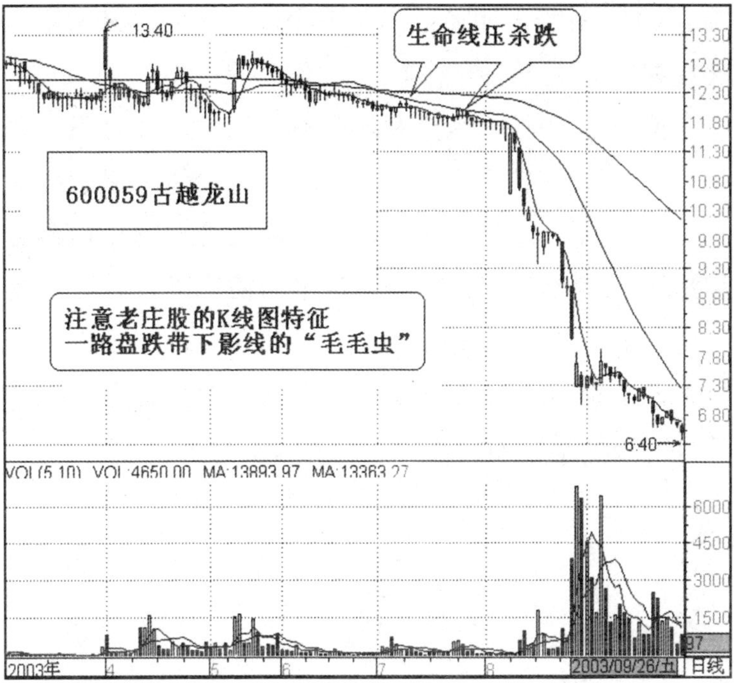

图 5-2

【实战策略精要】

（1）“毛毛虫”K 线图是庄股特征，股价在高位，而且没有成交量，绝对不碰。

（2）如果持有这样的股票在反弹生命线受压的时候出货。

（3）均线反压并且向下发散是即将加速下跌的信号。

（4）对于不明原因的暴跌个股，不要轻易做第一次反弹。

停止亏损是一种艺术，而不是科学。针对不同的品种、不同的市场环境、不同的投资主体止损的概念是不一样的。对于庄家而言，不存在统一的止损概念和法则。鉴于中国股市长期走牛的情况下，有些时候甚至不必止损，长线持有，低位补仓等待解套也是一种方法。但是，对于以股票为生的职业投资者，尤其是喜好短线投机的投资者，必须设定止损。

第六章 变 脸

从历史发展的角度看问题，你会看到很多历史再一次重演的奥秘。过年的时候大家也许都看过艺术家表演变脸的艺术。中国特色的变脸表演给大家一种惊喜。为什么能在这么短的时间内变出这么多种颜色的脸，一点破绽都没有？我从中理解到一点炒股的技巧。就像表演魔术一样，把你认为不可能的东西变成就在你面前的事实。你不得不佩服庄家和上市公司的默契到达了什么程度。学会了，你也许不再需要为找黑马而劳神。

发现上市公司和庄家机构配合默契的品种，留心观察其动静，采取相应的策略，相信获利是非常自然的事。只是人总喜欢贪新鲜的，总是朝秦暮楚，一会儿买这只股，一会儿买那只股。根本没有分析过就冲动地以一念好感买进去了，刚买进就觉得后悔的大有人在！

当发现了主力机构跟上市公司配合默契的股票后，一定要留意，可以知道长期做波段是最好的赚钱办法。

在不断的运作中，上市公司总是不断出消息配合主力，那不就是你发财的机会吗？

中国股市中，人际关系和资金链是把主力和上市公司的利益紧密地联系在一起的。如果你不能深刻地理解这一点，也许会出现费力不讨好的情况。

从无数次公告中，大家可以看到很多业绩变化很大的股票蕴含着重大的获利机会。只有细心地去研究，才会发现金子就在低价股中发光发亮。那诱人的利润必将给细心的投资者带来实际的投资回报。

第一节　预　亏

很多主力机构用的方法还是很原始的伎俩，没有什么改变，因为他们认为管用就可以了，不管办法有多土。

股票市场的某些机构没有别的伎俩，还是先预告亏损吸筹码，公告大幅盈利预告拉升，等真正公告业绩就出货。

先从一个典型实战例子介绍这种方法捕捉发财的大黑马。夏新电子(600057)，主营范围：生产、开发、销售声像电子产品及其他机械电子产品；房地产开发与经营；旅馆；餐饮；批发零售建筑材料、百货、五金交电、包装材料、电子元器件；运输。该股可以说是“变脸”之中的之最！在ST夏新的情况下公告重大利空，不跌反升。值得我们注意的是在公告之前已经出现一种非常明显的放量迹象。我们做股票的思想都是从成交量的变化中悟出股票操作的道理。方向的变化是要有外力的作用下才会改变的。如果没有外力的干预，股票将沿着它原来的方向在运动。而最主要改变运动方向和速率的因素就是成交量。放量是一个非常重要的先决条件。底部放量才可以确认为稳的底部，有了这个正确的思路，你也许可以看出怎么样的操作才是沿着正确的方向操作股票了。消息是服务于会利用消息的人的。如果你对于一些重大消息没有自己的观点，那你的操盘思维就很难有进一步的提高了。主力机构掌握了大部份筹码之后，下一步就是拉高股价，在拉高股价之前会有一次很凶狠的震仓行为。而这次震仓的作用可以说是非常重要的，把所有不坚定的份子和跟风盘全部踢走。下面大家可以认真地分析一下夏新电子的K线图。你也许就知道什么是做庄，什么叫做仁不带兵，义不掌财。

【看图分析解密】（图6–1）

夏新电子(600057)是一只明星股，在大盘暴跌的情况下逆风飞扬。不得不让投资者对主力的魄力敬佩。该上市公司在配合主力机构迅速收集筹码的时候公告

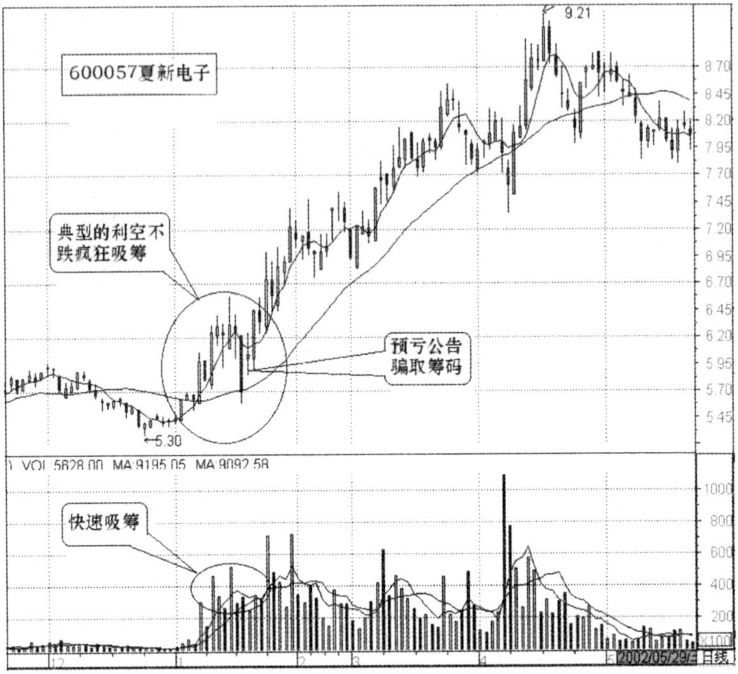

图 6–1

了重大利空消息预告亏损。公告之前一天(2002 年 1 月 21 日)暴跌了 8.26%，最低达到接近跌停板。通常主力最成功的做法就是在拉升之前暴跌接近跌停价甚至封住跌停，然后给一条缝让那些恐慌的人逃命，把所有不坚定分子全部震出来，这是主力的最厉害的做法。但是，很多时候经过暴跌之后的股票，后面的涨幅非常惊人。持续放量是主力进场准备推高拉抬的重要标记，快速配合消息进行收集筹码，大幅破位震仓，然后震荡盘升。总之，能用上的招数全用上。直到一边推高股价一边震仓洗筹，很多参与过的投资者都认为抓住这样的股票赚钱太慢，都以为自己是高手，能够抓住市场的主流热点。结果，赚一点就走，或者被盘中的震仓逼出来了。股票赚钱不是想象中的那么容易。一定要看透了主力机构的意图，完全掌握了股票所处的阶段，才可以进出信心十足。夏新电子的洗盘是非常有效的，2002 年 4 月 5 日和 4 月 8 日主力通过巨量破位下跌，跌破生命线，成交量非常巨大，给人高位放量出货的感觉，最低打压到破位长下影线，然后缩量创出新高。这种手法可以说把按技术派分析的短线客赶尽杀绝了，动摇了底部买进的投资者的持股信心。主力还用了缩量做双头的手法折磨所有获利的人出局。但是最底价再也没有跌破上次巨量震仓最低价格。经过反复震荡，让所有投资者没有方向感，给人一种起落无常、难以捉摸的感觉。主力越是花时间和精力去制造假象，就一定更有后面的巨大潜力。这是非常重要的一种判断方法。只要你看准了主力在里头，而且没有进入做头部阶段，股价还没有进入最后疯狂。那就是长期要关注的品种。锁定目标，就可以长期跟踪操作，获取波段利润。

【实战策略精要】

（1）突破生命线快速持续放量，要重点关注。

（2）抓住主力控盘的特征；长期长上下影线的组合图形。

（3）大幅震荡是主力最常用的洗筹法宝。

（4）配合预亏消息，经过大幅震仓是主力不跌反涨快速吸筹的高招。

（5）该跌不跌，理应看涨；该涨不涨，理应看跌。

第二节 预 盈

上市公司经常会出现配合主力机构而预告信息，这种不公平信息公告状态非常不利于投资者进行投资决策。有时很多捏造的信息在广为流传之后才出现在连续涨停的高位发布澄清公告，可以说坐庄的人是不择一切手段来掠夺财富。一般投资者能采取的最好策略就是在自己看不明白的时候就尽量少做。稳健的风格一定要通过长期的积累才可以获取的。如果大盘处于底部上升阶段，而自己又有绝对把握的时候重仓出击。其实一点都不用着急，完全可以分析清楚了再做决策。特别是在大盘上下两难的时候，很多投资者都急于去赚钱，忘记了风险从而草率地做出操作决策。通常，没有经过提前研究和分析，凭临盘冲动买进的股票亏损的概率非常大。在追高价格买进之后就没有后续成交量配合，股价又出现了缩量的回调。这是很多投资者没有把握操作节奏和市场主流资金脉搏的结果。如果股价在高位做头的时候公告利好消息，通常都是主力套现的最佳时机，作为中小投资者最好不要随便去趁热闹。如果股价处于上升初期，公告业绩增长，则要重点把握短线赚快钱的机遇。买卖之前一定要快速翻阅 K 线图，缩小图形就可以看到总体股价处于什么位置，现在处于什么阶段。再看周 K 线图，进一步确认。成交量的情况最好是处于温和放量阶段，此时非常有利于跟风盘的出现和适合主力拉抬股价。在大盘配合的情况下要重点关注这样的股票。预告赢利不等于已经赢利，毕竟变数还是非常多的。在中国的股票市场，还是要谨慎操作，不要轻信消息和公告的东西。只要不去贪，业绩正式公告之后也会有很多白马可以成功获取中线利润的。因此，千万不要给自己太多的压力，不一定要很快就获取暴利。细水长流，只要把握好自己的每一次操作的进退和风险控制，基本上稳健获利达到的利润也是非常可观的。

【看图分析解密】（图 6-2）

ST 华靖(600886)是一只非常传奇色彩的庄股，该股突破生命线之后成交量明显放大，经过十几个交易日横盘之后，再次放量突破平台，配合出现“神枪手”出击信号之后，短期升势凌厉，该股出现了快速的拉升而不断涨停，特别是缩量涨停，主力强烈做多的意愿表露清晰而直接。在这个时候投资者可以大胆持股，

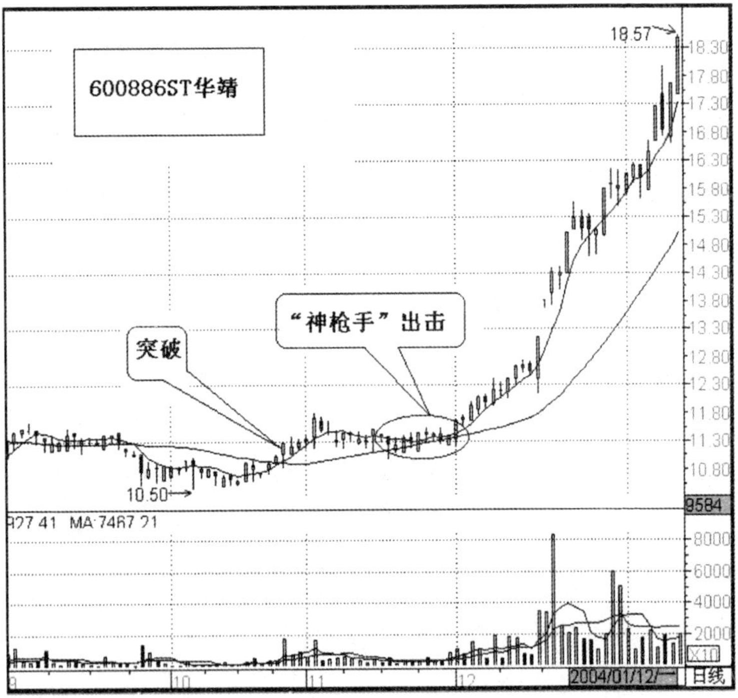

图 6-2

等待利润的进一步扩大。如果选对个股而赚不到利润，等选错股票的时候损失本金可就更大了。股价通常都是越涨越猛，越涨风险越大。因此，在主升段最好的策略就是持股不动。为了克服心理的恐惧，可以根据股价的上涨不断提高最后出货止盈的价格。一旦跌破这个价格，毫不犹豫就出货。如果坚持这样的纪律，相信一定可以把握好行情的节奏，获取丰厚的回报。

【实战策略精要】

（1）出现“神枪手”出击信号时要多加留意。

（2）强势股的主升段很少收盘三天收在5日移动平均线之下的。

（3）第一次缩量涨停板可以排队介入，持股的可以继续持有。

（4）高位放巨量是主力出货的信号，不要轻易追高位的股票。

第三节 变 脸

知道主力做法之后，就要果断操作。有些上市公司对于公告信息是非常不负责任的，在证券监督委员会批准披露信息的三大报刊公告的信息是非常权威的。但是，中国股市，最少到目前为止还没有做到真正的三公原则。正因为如此，投资者更加处于不利的状态。获利是非常艰难的，每一分钱从股市中赚取都是非常幸运的事。

上市公司的公告可以说是非常混乱而且没有相应的处罚机制的。我们的股市可能还要经历很长的一段时间才可以进入规范发展的正途。作为股民，可以说是闭上眼睛，塞住耳朵，都很难跳出庄家设计的圈套。变脸是非常残酷地对待弱小的股民。下面列举两个例子给大家提个醒：人在股市，谁都不可以信！

首先，为了达到主力的意图，庄家不惜任何代价。然后，为了赚钱是完全不择手段。坑骗机构，坑骗股民，庄吃庄。股海泛舟，到处是暗礁。一不小心，必然翻船葬身股海。

最典型的是本章第一节所说的夏新电子(600057)，先预告亏损然后变脸为预告赢利；还有就是延边公路(000776)，该股先预告赢利然后又预告亏损。两家上市公司都是在正规媒体披露公司公告的。延边公路的公告更加不负责任，董事会道歉根本不能给股民任何帮助，股价暴跌。特别是在年报公告之前，这种庄家与上市公司勾结的内幕交易都会给市场带来非常巨大的伤害。

ST 夏利(000927)在该股吸筹的时候，上市公司公告亏损。当股价到了高位，连 ST 的帽子都摘掉了，变成了业绩赢利的夏利股份。可以说明主力庄家在一年之前就知道该股的实际情况了。

【看图分析解密】 (图 6–3)

夏利股份(000927)，该股在汽车股成为市场焦点之后出现了报复性上涨行情。随着汽车行业的快速增

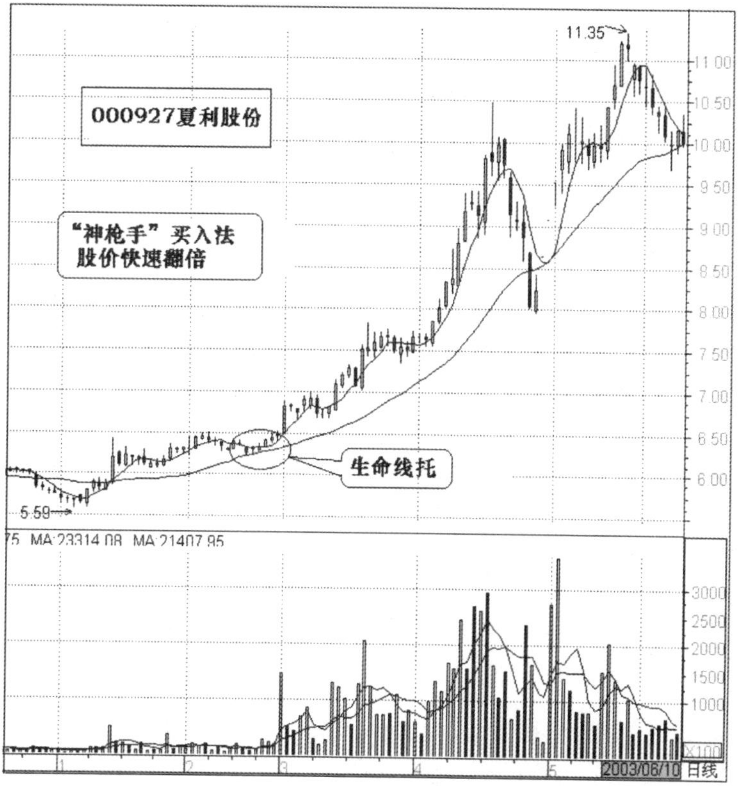

图 6–3

长，给公司带来了赢利增长的可能。庄家在底部快速发力，2003 年 1 月 14 日大阳线突破生命线，展开一波策划以久的上涨行情。该股一直有庄家在长期运作，到了牛市更加不会错过推高股价的机会，以便日后有更高的价格空间出货。在其他汽车股疯狂创新高的运动带领下，该股的主力也信心十足，不断放量大涨，第一次回调到了生命线受到了承托。成交量连续放大，股价也出现凌厉的上攻态势。一般根据我们的统计，翻倍的黑马一般用 60～80 个交易日。还有一种就是“井喷”翻倍的模式，一般 30 个交易日内就实现翻倍了。只要有人领头，就会有人跟风学样。制造翻倍的黑马给市场的活跃和刺激是非常巨大的。我们要从不同的翻倍黑马中发现共同的特征，然后做到捕捉翻倍黑马顺手就牵牛股，出手就抓领头羊。夏利股份在高位出现了巨量大幅波动之后，就开始了缩量盘跌。很多时候都是在最火暴的时候一下子把底部筹码全部卖给投资者，获取暴利。到后来主力都已经出完货了，根本没有必要再对敲吸引跟风盘，才会出现最常见的成交量跟不上而缩量下跌的现象。很多人不明白为什么上涨的时候庄家已经顺利出货了。股价在高位，不管怎么疯狂，我就是不去买，那主力又如何套住你呢？只要你舍得不赚这个钱，你就一定可以战胜自己，获取稳当而巨额的利润。

【实战策略精要】

（1）当成交量放大到平常的6倍以上时，重点要关注趋势。

（2）顺势操作，你将获得稳健的利润。

（3）对于老庄股，不要轻易在股价高位去冒险追高。

（4）发现机会你只要把图形缩小，整体主力运作就在你眼前。

下　篇

宁波高手简易黑马

资金推动——股价持续上涨的主要原因之一。如果没有资金的推动作用，那通常都没有神奇漂亮飞行上涨图，正如神州五号飞船一飞冲天，像火箭一样的暴涨是资金快速推动的有力证明。

理念导航——如果没有理念作为导航，那只是一味地追求资金推动的效果，可能会出现最后高耸入云而无法套现，赚了账面利润，后来可能又出现不少资金链断裂的庄股跳水比赛。因此，投资理念将是新牛市成败的关键。

第七章 画 图

笔者认为只有经得住时间考验的操盘技巧才是可以信赖的。经过长达十年的磨砺，终于破茧而出，一剑出鞘，必杀短线暴涨黑马。

高手重出江湖，一段波涛汹涌的捕杀短线黑马行动，一触即发。天地间，顿时变色。那什么图形是必出的“杀手锏”呢？只有读者自己去研究！书中的图形是我们实战的精华过程。只要你理解了，做好充分的应变策略持续进行操作。理论上是可以做到半年内翻倍。

看《宁波高手》一书等于跟作者在直接交谈一样，时刻感觉到意念的交流。如果还不是很理解，可以再从头多看几遍，把每一张K线图进行对照电脑来加以研究，定会有意想不到的收获。

我们一直强调操作手法：凶狠无情。

因为我们清楚地知道，操盘人是怎么训练出来的。决不能在操作上有半点的仁慈，在不能泄露消息的时候绝对守口如瓶。情愿捐500万给慈善机构也决不愿在股市中亏一分钱。古人有言："仁不带兵，义不掌财。"这就是操盘人的最佳体现。

战斗股市，在该撤退的时候，就要果断撤退，来不的半点犹豫，否则全军会因为这个失误导致士气不振，不利作战。

第一节　红三兵

能够上涨的就是好股票，如果有一种非常稳健的短线操作方法，能够实现你的保证金持续增长的好方案，你也许会对我们下面介绍的方法感兴趣。

红三兵，只要炒股票有一段日子的朋友都知道什么叫红三兵。我们要从最普通的上涨图形中寻找到我们想找的东西——稳健赚钱的妙方。

在行情比较好的时候，我们经常操作涨势凌厉的专业红三兵图形。那种操作的速度跟飞毛腿一样快，混杂当中最显示出主力的心思。

在新牛市上涨的过程当中必然会出现一些简短的调整，这些调整，特别是在大盘暴跌的时候，低价底部逆市逞强的个股就是下一阶段重点关注的对象。

在K线图出现红三兵后，第四天出现小阴线，然后第五天放量大涨。这种专业短线操作方法最容易调动市场的人气。常用这种方法可以顺利从容地获取收益。对于超前把握市场的主流和焦点，唯一的途径就是提前研究，主要的研究对象就是成交量的变化和K线图的运行规律，以及移动平均线的形态特征。

【看图分析解密】(图7–1)

四砂股份(600783)具有典型的强势股特征，在威廉技术指标WR达到强势即小于50以上的时候为强势。最顶部是0，最底部是80，我们可以根据该指标长期

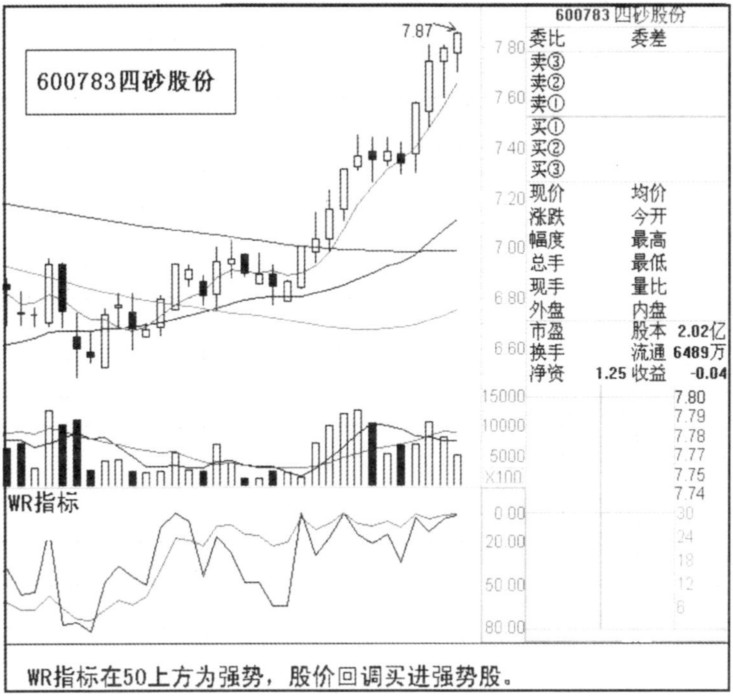

图7–1

在强势区域进行操作，成功的概率会相对提高。该股在上涨的过程中有一个明显的运作规律，即连续调整三四天之后就会出现放量上涨，强势特征非常明显。如果做股票只抓住强势股进行操作，那上涨的时候多数都是大阳线，短期收益非常大。股价刚刚开始向上涨的时候总是非常犹豫，上下反复波动，让投资者琢磨不定，在确定洗盘完毕之后就出现了大涨小回的进攻策略。而我们要在股价突破生命线之后开始重点关注股价的运行，如果保持在5日移动平均线之上运行，那么，该股就是短线强势股，要短线重点关注。而且5日移动平均线的上升斜率对股价的推动力度是判断的主要依据，这是非常重要的。很多投资者在弱势市场是非常被动的操作模式，那就是持有一种死猪不怕烫的悲观消极对策。在牛市当中却经常保持着熊市的熊市思维，抓住的黑马比兔子还跑得快，经常出现赚了几百点指数却没有赚到钱。其根本原因就是不会发现强势股，股价的上涨量度涨幅判断功夫不到家。我们要用成交量来判断爆发力度，用波浪理论来判断涨幅高度，用不同周期的参数均线系统来监测与跟踪分析股价的变化，再综合各种因素制订应变策略。整个完整的操作系统和运作思维都会通过图形来反映市场的变化结果。

【实战策略精要】

（1）放量突破生命线的股票就是强势股，可以适当关注。

（2）连续三天以上放量上涨是股价发生重大变化的起点。

（3）关注一边上涨一边洗盘的股票，这种股票处于上涨途中，最容易爆发大涨行情。

（4）强势上攻主要的特征是每天下影线碰到5日均线后都拉出大阳。

第二节　并列阳

在不断的操作过程当中，除了很常见的大幅低开收出打桩的阳线为启动信号外，还有一种就是并列阳。我们所说的并列阳是有长下影线短上影线，而实体差不多的阳线。这种图形是专业投资高手和操盘手经常使用的操盘技巧。

连续两天有长下影线的阳线都在5日均线受到支撑，呈现往上突破态势。这种股票出现在盘中波幅比较大，经常有大资金在其中运作，是短线操作的优良品种。

【看图分析解密】（图 7–2）

湘邮科技(600476)是一只上市不久的次新股，在股价连续下跌之后，在最底部出现并列阳的 K 线组合，我们可以相信机构已经要发动一波短线势不可挡的主攻，时机已经成熟，后面展开的攻势蔚为壮观：短短

图 7–2

11个交易日股价大涨50%以上。并列阳信号出现之后的调整一直没有跌破过这个最后震仓的最低价，一根带上影线光脚大阳线拉开了上升的序幕，股价一路狂升。我们长期跟踪并列阳信号的股票有一个非常明确的信号，那就是只要并列阳之后没有跌破并列阳的下影线价格，这样的股票就一定有机构在里面运作，只要时机成熟，行情一触即发。我们要主动研究这样的股票并且留意这些股票的上涨是否有独特的题材作为配合。湘邮科技就是有第一只邮政概念的股票，因此在大资金参与运作的情况下很快就得到市场的认同，跟风盘不断增加。底部锁定筹码也比较坚定，在上涨的时候没有太多的浮筹出现，主力可以迅速利用市场的人气快速推高脱离成本区。在这种明显刚启动的时候可以第一时间跟进，没有高位跌破5日均线坚决持有，相信丰厚的利润就在你眼前。

【实战策略精要】

（1）并列阳信号是短线出击的信号，如果股价上涨就可以跟进。

（2）低开高走的大阳线是突破盘整的重要信号。

（3）次新股可以配合KDJ指标和MACD指标进行短线操作。

（4）高位连续出现长上影线的倒锤头K线图要注

意短线风险。

第三节 突 破

突破买入法是在新牛市当中最常用的方法，但是在熊市如果你使用这种操作手法，那你就倒霉了，总是追高买套！由于牛市里的机会比较多，特别是资金想尽快介入股票收集筹码，会有一种突然袭击的涨停强行抢筹码的现象，这也是我们非常重要的操作方法。股价面临突破，突然底部放出巨量以涨停保报收。

我们可以非常轻松地找到这种个股的机会，在第一次放量涨停时果断跟进，一直等到主力庄家有出货欲望的时候再一次性卖掉。首先可以统计出这样的个股作为黑马淘金池：大盘在高位下跌的时候上市的，股价定位比较低，没有被主力暴炒过，流通盘中等，一直处于盘跌状态，价值被严重低估的次新个股。最好是大盘在最高位暴跌之后上市的股票。在经过长期盘跌之后，构筑双底的形态之后择机介入，等待主力来拉抬股价。这是非常稳健的做法，可以在突破的时候介入，之后不用去看这个股票的走势图了，直到大盘见到阶段性的顶部的时候抛掉。 这样可以轻松回避主力千方百计的盘中震仓行为。

突破的形态出现在大盘刚刚开始启动行情的时候，

是最赚钱的机会。如果出现在行情的末端，有可能半路被大盘下跌所拖累失败告终。因此，在选择突破这种股票的时候一定要非常清楚大盘处于什么阶段。大盘只处于几个阶段：底部阶段，上涨阶段，做头阶段，下跌阶段。而个股则主要分为：吸筹阶段，震仓阶段，拉升阶段，出货阶段。对于大盘和个股的大方向要首先做出一个简单而清晰的判断，然后去思考下一步该如何运作。先看大盘，再做个股是操作股票的正道。最好的个股是比大盘走前一步的，在大盘刚刚启动的上涨阶段就开始了拉升的动作。不管是试盘还是主升段来了，都要第一时间关注这种领头羊的一举一动，因为它们的动向直接影响到大盘的强弱和人气的聚散。股票市场非常需要火热的人气和良好的市场氛围做铺垫。操盘高手总是最善于利用大盘趋势和市场气氛的。

【看图分析解密】（图 7–3）

长电科技(600584)在底部筑了一个双底之后一路攀升，右底最低达到 7.92 元，但是 5 日移动平均线的价格是 8.43 元，比前面左边的底部 5 日移动平均线价格 8.31 元高 0.12 元。因此，双底形态非常完美，在股价启动的时候还有一个低开高走的“送礼”动作，开盘之前卖给“老鼠仓”，然后第二天就涨停了，股价一直拒绝回调，呈现出非常强劲的牛股风范。5 日移

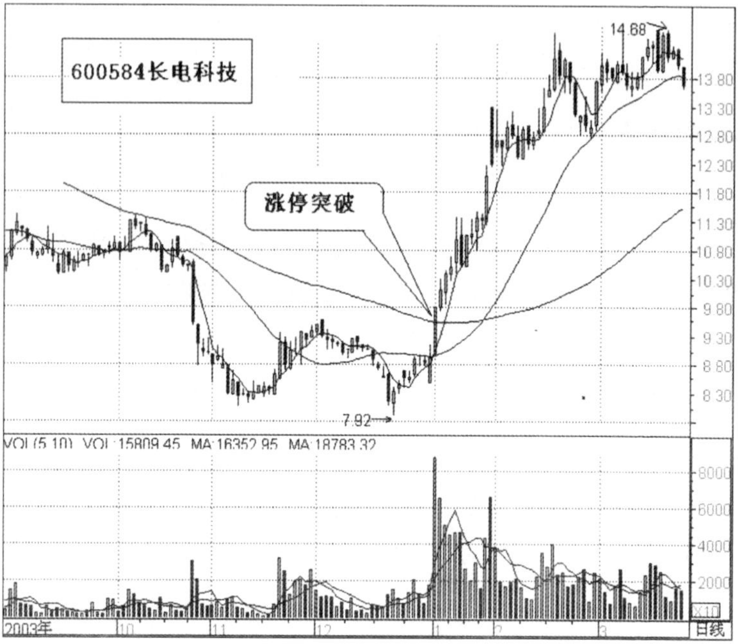

图 7-3

动平均线以 60 度角的斜率快速上涨，成交量在连续 5 天放出巨量收集筹码和推动股价之后出现了一天大阴线的震仓动作，但是股价依然在 5 日移动平均线受到支撑，涨停之后能够连续走强的股票给市场的信号是非常强烈的。后面的成交量也保持了比较平稳的状态。当 32 个交易日达到涨幅 70%以上之后股价才开始出现回调的疲态。在第一次碰到生命线又受到强力的支持，展开一次反弹，由于成交量没有进一步放大，股价也在高位出现了滞涨的出货做头现象。一波快速上涨，快速出货的行情就这样完成了。主力利用大盘行情火爆快速达到标准黑马的60%量度涨幅顺利出货，手法非常高明。

【实战策略精要】

（1）对于突然放巨量的股票要开始重点关注。

（2）5日移动平均线金叉生命线还有打桩老鼠仓送礼信号同时出现要重点关注。

（3）突破重要颈线价位不回调，要注意强势黑马可能诞生。

（4）重点关注小双底的技术形态的成交量变化。

第八章 放 风

也许看过《宁波高手——发财是不可避免的》一书的读者朋友还记得当出现一种投资公开比赛的时候。你就会知道有一种传奇出现了，有高手以非常惊人的暴利领先于所有参赛者。资金推动型的股市，如果实力机构要制造高手是很容易的。以雄厚的资金为参赛者做后盾，达到每次操作都获利的水平。普通投资者怎么办呢？可以分析最牛的参赛者的股票作为短线的参考。关注的人越多，群众效应就会出现。其实，主力机构是为了让投资者认同一种模式，然后就是培养跟风盘，残酷套住失去理性盲目相信擂台冠军的人。

股票市场是非常残酷的风险市场。关于股票所有的消息和媒体传播的东西，没有什么可以值得信赖的，一切都要多留一个心眼。

为了更好的生存，职业投资者相信的只有一个人，那就是你自己。任何人都可能从不同的角度让你被套，因为股票的波动是有风险的，总是让人在不经意间就套牢。为了让所有喜欢《宁波高手》的读者清楚地认识到股市里的黑幕，特别以主力机构利用不同媒体传播的工具，让读者不要犯轻信、盲从同样的错误。

为了配合黑庄运作，媒体就成为庄家运作的工具，如今是经济社会，任何媒体都讲究效益，而庄家就是运用自己的资金优势大量地控制媒体和庄托，为实现少量资金就能推高股价和出货的目的，获取巨额利润。勾结投资顾问公司批发股票给高级会员，实现出货；收买基金经理高位接货；利用券商短信平台推荐股票出货。总之，你想不到的东西也都在股票市场中体现出来。股市真的有风险！

第一节 电视收音机

我们先从最直接简单的放风场所开始介绍，给大家擦亮眼睛认识陷阱。全国有很多地方电视台和电台，为了获取广告费和更好地接近市场运作，很多都有冠名播出和外包节目栏目的现象。由于电视台和电台都是国家的正规媒体，长期以来得到民众的高度信任和收看收听。除了最创收的医疗专家门诊合作搞栏目之外，就是股市火爆时的股评节目了，特别是在大牛市，很多承包出去的电视电台股评节目都是由投资顾问公司或者软件公司、证券公司分析师作常客嘉宾。

电视股评节目有非常多的观众收看，特别是平时要上班的股民，晚上通常是把电视股评节目看完了都已经很晚了，后来才发现自己原来什么都没干，一天天的日子就这样过去了。还有一种股民是非常喜欢收听广播电台股票节目，一到时间就什么都不管，准备好笔和纸，记录好股评的分析大势和推荐黑马。然而很多股民都没有自己分析的习惯，没有自己的主见。爱打听小道消息，当出现亏损后又自我安慰。那种恶性循环的炒股模式使保证金不断缩水，但还是不能醒觉！特别是当我们收到很多读者来信诉说自己如何被某知名股评家骗了，买了他们推荐的所谓黑马，结果一路下跌套了 30%，还看到该股评在电视电台上大讲特讲，全然没有把他们放在心上。后来才知道，原来该股评自己从来不炒股。连股评的亲戚都给该股评亏损了 10 多万。其实，很简单，没有免费的午餐，哪有股评不贪钱。只要庄家给他们一点小费，让他们推荐几次黑马。跟进的股民开始尝到了甜头，等这批相信该股评的股民规模壮大后，就会出现集体被套的现象。这是庄家常用的伎俩。如果特别准确判断黑马的人最容易有机构资金在其后面做后盾，形成短时间内出现海啸般排山倒海的跟风盘。主力机构首先是在发达沿海城市使用这种运作模式，等到有一批投资者不在相信之后，又开始转向内地和一些比较不发达的地区进行同样地复制跟风盘和大规模地放风。放风就是大量传播主力机构想通过媒体传播到投资者耳朵的放出风声动作。

由于长期以来，很多股评家和电台电视台的工作人员有密切的关系，通常都会出现内部人员事先介入技术图形非常好，刚突破启动或者底部横盘很久有启动迹象的股票进行运作。很多股民看了之后研究K线图，觉得非常认同。结果第二天放量冲高就很多跟风盘出现了，他们也就安全获利了结。由于以前都是机构各干各的单干。如今在某些地区还出现了联合同时整合资源的动向。很多投资机构的软件公司联合证券公司为做大成交量，出现了不同地区不同机构和媒体不同场合同时在推荐相同的一只股票的情况，结果本来比较弱小的力量达到了顶峰，一下子出现了规模效应。这种强力推荐个股的行为有操纵股价的味道。股票行情就像灰尘，有人拨动才会飞，但是很多时候都是有直接或者间接的利益。

因此，除了从基本面分析股票以外，还要注意影响股价巨大的机构投资者推荐的股票。如果推荐了你手中的股票，最好短期大涨你先卖出，等一两周股价回跌下来之后再重新介入，这样可以回避一些风险。市场就是有一股这样不是完全为了获取股价利润只是为了获取佣金的资金力量，证券公司也是其中的配合者。由于有利益关系，通常这种配合吹鼓手的行动都是在事先有策划安排的情况下实现的。天上不会掉下来馅饼，世间也没有那么多飞来的横财，即使你现在没有百万巨款，但你可以炼就挣1000万的能力。

如果没有风险意识，很快就出现屡买屡套，股市里没有硝烟，也没有刀光剑影，但股市确实是残酷的风险聚集之地。要想在风云险恶，高手如林的股市江湖一展身手，没有一两招过硬的本领，就犹如盲人骑瞎马，夜半临深池，焉有不败之理？能生存到现在没有被股票市场消灭肯定是属于幸运。

第二节　报纸杂志

报纸杂志除了获取正道消息外还是学习的好帮手，很多股民都是非常认真去选股的，选股如选妻，能不谨慎吗？虽然选好了股票，但是为什么还是亏钱的人总是占多数呢？其实就是没有清楚庄家的几招“板斧”。调整时间过长（让投资者痛苦难耐）；震仓洗盘(让投资者急躁不安)；散布传言(让投资者真假难辨)；打破心理位(让投资者悲观失望)；画出骗线图形(全线瓦解投资者的意志)。最后给你一点蝇头小利，直到把你糊弄出局，庄家的目的就达到了，所以大多数股民在大行情启动之前就乖乖地把自己手中的筹码抛给了庄家。这几套招数来来回回都还在用，识破了就没有什么希奇了。因此，作为普通的投资者在大行情来临的时候，要中线持有一定会被主力炒作的股票，不要轻易把股票都卖出去了。这是牛市持股最主要的顺势操作策略。不担心自己的股票不涨，也不贪心自己的股票能够比市场的大牛股涨得牛。只要与趋势做朋友，相信利润一定会随你而来的。

我们可以清晰地在报纸和杂志上看到牛市类似的鼓吹文章和文笔，在熊市当中可以看到曙光已经要来临的希望。但是很重要的一点就是多数人都是错误的，只有用自己的判断方法来研究股价波动才是值得参考的。多数股评只是赚稿费的作家，更多的是连他自己都不知道自己推荐过什么股票，有的甚至连名字都被庄家用上了，自己根本没有自主权，明知是为别人做股托也没有办法。生活就是这样现实的，没有想象中那么理想。

很多投资者出现了像《三国志》中司马昭说的“人如心怀恐惧，其智勇必然枯竭”，出现非常想买进，但是又怕套住，在迟疑坐困中屡失良机。

但是，我们还是非常反对读者跟在股评屁股后面进进出出，结果一年下来操作过的股票超过500个，但是保证金却没有增加，交易佣金倒是交了不少。做股票最讲究个性化，如果不适合你自己性格的操作方法用在你的身上是不能赚钱的，而用在适合该方法性格的人身上却能产生很好的效果。股票投资，要有自己的主见，不要轻易相信报纸股评文章。一年下来，报纸股评的作者们也许早就忘记了自己分析过多少黑马，大盘分析是涨是跌根本就变成了更加模糊的视线。

如果你是习惯做短线，那就一定要养成短线买卖的果断性格，在买和卖时对股价不要斤斤计较，适当地高挂或者低打均可迅速成交，特别是对于那些通过电话委托交易的业余股民更加重要。

总之，做股票不能依靠别人，报纸杂志上的文章不管是牛市还是熊市都非常精彩，只是牛市来了，广告的东西多了一点而已。不要总是用老眼光看待新问题，思维陷入惯性，结果总是与潮流背道而驰，不是在浪尖买进就是在低谷抛出，陷入高吸低抛的黑洞，成为庄家和股评联手的美味佳肴！

一定要树立自己正确的投资理念，在付出每一次血的代价之后要做总结，这就是你做好功课的发财秘诀，记录自己的感受和当时想法、市场的表现。总之，读者一定要记住："实践是检验真理的唯一标准！"只有通过自己的实战买卖得到的经验才是最直接的对股票的感受。理性对待市场的波动，谨慎制定细致周密的操作策略。不管如何也要做好最坏的打算，不会出现一只股票套住 50%的现象。我们看到过这样的事情非常之多，一只本来上涨通道上的股票突然出现跳空高开放出巨量冲高后出现不断下跌的分时图，形成了长上影线的大阴线。然后股价最少两周内都见不到这个高价了。为什么会出现这样的走势呢？这就是黑庄利用机构在周六、周日报纸上大肆吹捧推荐，导致众多不明白真象的投资者蜂拥跟进。主力快速对敲在高位一路杀跌，成交量放出近期的天量。第二天的成交量跟不上就再也没有戏了。股价将进入一段时间的盘跌。因为好不容易套住散户，主力不会轻易马上就重新介入的。如果是另外有庄家被其他机构推荐了自己的股票，也只好短期趁机打压洗盘。把大量跟进的投资者洗出来之后才发动真正的主升段。

回避所有出现庄托现象的股票。那就是周六周日机构大力推荐的股票，周一都是放量大涨。但是跳空缺口太大，跟进的投资者都没有太大的利润空间。后续星期二的成交量通常都萎缩，股价下跌。

第三节　网络媒体

时代在更新，1997 年开始了网络在中国的大地上前所未有的普及，宽带进入社区，使上网的速度得到飞速发展。随着上网的方便，中老年的退休股民从证券公司学会了电脑的键盘操作，随着网上交易的普及，也学会了简单的上网浏览股评、查找资料。生活变得丰富了，但是，并不一定股票的保证金增加了！

网络的传播更加速度快，面对的面更加广了。地方电视台和电台的股评等节目只有当地的股民收看和收听到。利用网络传播消息，更加快速地使全国会上网的股民没有了距离。时代在进步，中国的股市应用了全球最先进的电子自动报价和电脑撮合交易的程序。不像外国很多经纪交易员在打着手势，忙碌地表示着股价的变动。因此，电脑炒股是市场大趋势，没有任何东西可以改变这种朝着先进自动化的高科技的发展方向。我们只能适应潮流顺应趋势，学好技术分析和基本面分析。利用先进的软件进行统计，编制符合自己的选股公式进行操作。网络提供给我们很多老股民操作的经验，通过这些人的经验我们也可以知道一些大致的东西。股市不是什么慈善机构，入市的股民未必都能喝上粥，弄不好还要赔上饭碗，但股市有太多发横财的传说和少数真实的故事，为什么会有部分人发财呢？他们都具有良好的投资心态。以前很多人怪证券公司的分析员或者邀请的股评人士误导了股民。想真一点，其实大可不必怪别人。感觉很是悲哀，脑子是你的，钱也是你的，自己的“钱图”怎么能全部寄托在别人的手中？与其总是今天听此大户、明天听彼大户或者后天又上网看消息，莫名其妙地套牢亏损，不如狠下苦心，学习过硬本领。利用我们最先进的操盘系统和选股公式轻松抓黑马。俗话说的好："送我一条鱼，只能吃今天一顿，但是教会我捕鱼的方法，一辈子都会有鱼翅吃"。一定靠自己总结寻找翻倍牛股的方法。不贪不悔，不急不躁。

面对网络如此巨大的信息海洋，股民如何在其中寻找属于自己的东西呢？可以利用搜索寻找你自己最想要的东西；或者进入证券公司大券商的网站，研究他们研究所的分析资料；对于基本面的分析和行业的分析，这些硕士生博士生应该比较专业。选好行业之后再选好个股。只要市场热点炒什么板块，那你就可以第一时间知道该板块最主要的重点个股是什么，第一时间介入热点板块中自己早就选好的黑马。相信这样的获利可以达到更好的水平。网络可以让股民第一时间知道那些股票被机构推荐了，自己如果手上刚好有这些股票可以第一时间在猛涨的时候先获利出局，或者回避这些股票。

被机构推荐的股票多数都是没有持续上涨能力的股票，我们可以从网络上了解机构是如何运作的。首先是高级会员先买进跟着是普通会员再买进，然后是电台电视台推荐，最后还是网络发布，第二天在报纸杂志上可以看到煽动性非常强烈的股评文章出现，同时也是高级会员出货的是时间。这就是炮制短线黑马的全过程。黑庄盛行的股票市场，你能不谨慎吗？

“成也萧何，败也萧何”。水能载舟也能覆舟，网络也是这样的，如何看待媒体的、传播的、网络的股评可以说是仁者见仁，智者见智。不轻信消息，不听从股评，自己选股，自我超越，发现庄家进场的痕迹，跟踪寻找介入的时机。

第九章 静 思

我们一直强调学会思考，经常思考。因为很多东西必须你自己去面对，你自己去解决，不是别人能帮你的，特别是能力和技巧方面的东西。我们只能直接告诉会员股票代码、买进价格、出现什么情况要放弃买进，卖出时通知现价马上卖出，但是，没有说为什么看好这只股会涨停，怎么分析出来的。我们希望读者能够从一个个实战例子中体会到真正的投资理念，形成自己稳健的获利模式，找到适合自己的操作风格。

如果你不思考，就很难成为一流的高手。很多技术上的东西都是经过非常大量的看图训练之后，达到熟练之后才会灵活应用的。做到灵活应用的前提就是熟悉之后的思考。

不管是作股票还是做别生意的，一定要养成独立思考的习惯，而且要在安静的环境里思考，没有人中途打断你的思路。

做股票赚钱就是硬道理！业绩就是操盘手的生命！

实现你的抱负，你必须静静地思考。

当你想明白的时候，请立即行动吧，实现你自己的目标。空想是没有用的，只有去实施才可以达到你想达到的目的。如果思前想后，你还是要炒股，而且下定决心一定要成为一流的高手。那么，我再次列出把自己锻炼成为一流高手的7个步骤给你：①认识自己，评估自己的现有实际水平；②在第一步的基础上制定自己补习的方向和内容。③寻找大量自己所缺乏的书本和学习自己最想突破的本领；④连续地熟读和记忆这些有用的技巧；⑤从电脑上印证所学的东西，改良书本知识为实战的内涵；⑥大量看图表和分析技术指标，把形态、成交量等重要的技术学好；大量模拟练习和预测，自己写大盘分析和关注个股，把理由写清楚；⑦总结自己的学习和实践成果，并做记录背熟，将之变成理论的依据。

脚踏实地，一步步专心做好。不出3个月，你一定比以前有非常大的进步，操作也会随之改观。我们虽然可以告诉大家黑马，但是，不如读者学会自己抓黑马。意义不一样，成功的感觉也不一样。当然，如果你实在是没有能力和信心扭亏的，还有很多客观原因不能自己学习的，也可以来电联系我们。我们已经帮助很多下岗工人和残疾人士扭亏为盈了。

同时为了感谢读者的支持，坚持看到第九章。除了前面重点介绍的“神枪手”出击；“神枪手”买入；

三线合一等方法之外，我们重点再奉献我们最专业的“聚宝盆”高级会员买入法。用这种方法进行运作可以说是在最安全的模式下不断提高自己的水平，达到快速把握市场的节奏和热点。进退之间，可以锻炼自己的修为。成功一定有方法，关键是你是否愿意放弃所有其他休闲时间，专心致志去探索股市运行规律的奥秘。

单靠想是没有用的，只有行动才是最实际的。通过一系列看盘技巧的分析和图形的研究还有理念的更新，尽快去适应股市的脉搏。通过无比的勤奋，获得巨大的成功。股市确实有这样的机会，特别是在中国的股市。“读书人，天不负，卧薪尝胆，终复楚”。投资者一定可以把熊市所失去的一切夺回来。坚定的信心是无坚不摧的利器，有信心的人总是昂首阔步的。

悔恨已经不能帮助投资者改变什么，只有静下心来思考一下，下一步应该如何做。思考也许可以让自己清楚地认识到自己的情况和不足。改进的方向和研究的重点都是靠自己确立的。没有任何人可以代替你自己的思考。知道为什么会亏，知道为什么会赢，做一个理智的明白人。

第一节 变 化

股市运作不能千篇一律，正如历史会再一次重演，但不会简单地重演。成熟的股民说：变化是股市中最主要的规律。

股市总体的运行规律是一个完整的过程。不管如何从股价循环的道理中知道，不管有没有人在操作股价都是它朝着既定的方向和轨道在运转着。从股价的波动变化来说只有三种简单的表现形式：涨、跌、盘。上涨，下跌和盘整相信大家都比较容易就认识到了。但是关键在于它们之间是如何转换和变化的，这就非常难把握了。中小投资者陷于证券市场中，面对的信息真真假假，虚虚实实，无法辨别，而变素太多让投资者变得迷茫。

我们要把握股票大幅波动带来的机会，就要详细了解这个市场的主要内容。影响股价波动的要素是什么呢？如果把握了这些要素就可以轻松判断行情的涨跌，超前把握市场的主流热点了。

股票、资金、消息、投资者，对这四大要素一定要深刻研究才可以把握住市场的变化。

股票是指股份有限公司在筹集资本时向出资人发行的股份凭证。如果想做得更好，不仅要了解这些基本的知识。比如该股票所处的行业，该行业的景气度，该股票的成长性等。还要了解客观因素以外的人为因素。在中国的股票市场，选股就要坚持只做强势股原则。我们要顺应市场学会怎样随机应变，不要墨守成规。稳健型的投资者最好寻找底部形态非常宽广，没有下跌动力，而且底部放量稳步开始有启动迹象的股票进行介入。耐心等待股价的上涨行情到来。不要为别人的股票在疯狂涨停而眼红生气，影响自己的心态。如果属于激进型的投资者，可以选择刚刚突破向上的股票进行操作。在实际操盘中，具体的操作策略要根据投资者自己的性格特点和自身素质而定。我们最喜欢的就是选第一次创出历史新高的“创新高”个股进行跟踪操作。如果资金量非常大，可以选择在底部已经形成，主力已经建仓完成，经过试盘动作和拉升前的最后一次大压，正准备上攻的股票大胆建仓。总而言之，接触股票，一定要根据自己的思考，积累经验形成一套适合自己的独特的操作风格。从不同的角度、不同的方面去观察、了解，才会发现一些表象以外的本质所在。

资金就是你在股市中搏杀的子弹。股票市场本身就是一个聚集风险的市场，所以一定要控制好自己的情绪，灵活调整仓位的比例来控制好自己的风险。很多投资者没有赚到钱最主要的因素是没有严格控自己的仓位。在熊市来临的时候，让亏损严重失控，错过了止损的时机，一拖再拖，亏损太大不甘卖出。最可怕的就是对股票产生了感情，认为既然已经持有这么久了，再持有也应该没有什么风险！其实，持有任何股票都是有风险的。因为影响股价变化的因素每时每刻都在变化着，股票的市值是动态的。只有空仓持有现金才是静态的。我们了解到的多数股民一开始都是满仓操作的，还有就是经常跌到底部，股民自己都知道是底部了，却在这个时候没有资金补仓或者买进。每天在股市而资金空仓超过一个月的投资者几乎为十万分之一。要保管好自己的本金，如果经常因为自己的情绪问题而控制不了自己的操作，一定要休息一段时间。

消息是管理层和庄家赖以调控或者坐庄的工具。作为一般的投资者是非常被动的。消息的真真假假只有放风的人最清楚。但是，却直接影响到股价的异常波动。我们可以感受到消息带来的作用和副作用。从消息的朦胧，到消息的澄清，到最后的另外有最新消息公告，里面包含了很多不可告人的内幕。因此，我们要淡化消息的引诱，防止掉进庄家设定的圈套。

投资者是指个人投资者和机构投资者。作为个人投资者，经常会千方百计打探机构投资者的最新动向。而机构投资者却非常注意市场投资者的想法，然后制造出人意料的假象以牵着散户的鼻子走。由于机构投资者不断增加，这种机构套散户的模式已经不太可以顺利成功了。机构之间的搏弈才更加精彩，分析好这些大机构的动向对我们看清楚大盘方向非常有用。

仔细了解了影响股价波动的四大因素之后就可以超前判断股价的变化。但是要克服人性的弱点，真正做到无惧、不贪、适可而止、见好就收的投资者真可谓寥若晨星。

第二节 心 理

树立正确的投资理念是股票操作的最重要的一个环节，而心理素质则是很重要的平衡自我、调节自我的重要素质。

投资理念没有对错之分，也没有统一的模式。最主要还是要通过市场来检验，仁者见仁，智者见智。索罗斯喜欢做短线投机，而巴菲特则喜欢做长线投资，虽然，他们所用的方法和理念不同，但是最终他们各自都取得了巨大的成功。

乐观、自信、平常心，这就是我们做股票所需要的心态。了解自己的心态，分析主力的心理。用逻辑的推理判断股价的涨跌，而不是凭空臆断股价的涨跌。

对于心理的分析比较特别，可以说什么技术都没有心理分析赚钱快。分析主力机构下一步的计划，如果你能提前预测到主力的心理，那你等于知道明天福利彩票的开奖号码。股市将提供你的退休金，股市将是你的表演舞台。

很多读者无法克服自己恐惧的心态，总是害怕股价下跌，因而错过了很多的买进机会。我们在运作的过程中要果断操作，但是，在操作之前你可以重新判断。分析是可以反复细致地进行的，但操作却不能犹豫。如果你不肯定，那就不要操作。这就是为什么有些高手总是有90%以上把握的时候才出手的缘故。

如果过了自己的心理关，那股票还有什么可以害怕的呢？

通常自己不能控制的就是心理。生活中的很多细碎的事情会影响到我们的情绪，而情绪又会影响到自己的心理，进一步影响到操作。一时情绪不好会出现突然的操作冲动，就会后悔。这是很多读者给我们发来的邮件中所说到的。

炒股先练心。心态第一，技巧第二。我们看见最多的就是投资者的心跳跟随大盘一起波动，没有建立和执行自己的操作策略。

永远不要停止学习。市场有一个不会改变的规律，那就是在股票市场中赚钱的永远只是少数人。如果你要成为其中的少数之一，当然要付出比别人更多的辛劳和汗水。事实证明世界上没有永远免费的午餐，任何人的成功都不是偶然！

虽然股市天天有机会，但人不可能每天都在股市里赚钱，尤其是在刚要调整的阶段和下跌阶段。减少心中的浮躁，看清大趋势。在牛市选好个股长线持有，在熊市适时空仓等待机会。

闻道有先后，术业有专攻。掌握技术分析的方法有先有后，但是不一定什么技术都会的人就能够赚钱，其实专心学精一样就可以让自己发财。股市中的理论太多，技巧太多，指标太多，软件太多，遗憾的是赚钱的人不多。原因很简单，就是学得越多就越复杂化，最终没有抓到黑马赚到钱。其实有些人只做 ST 类股票，有些人只做涨停的股票，有些人只做创新高的股票，有些人只做小盘的股票，有些人只做没有被炒作过而且跌破发行价的股票。总之，市场可以融合所有的思想和技巧。股市中的股票非常多，进入股市长期只关注一种类型，只研究一种适合自己的方法。专注如一的人反而成为少数赚钱的人。市场那么大，机会那么多，技巧那么多，总有一种方法适合你。

自信心、毅力、耐心、技术，一样都不能少。人性的弱点如贪婪、自负、侥幸心理等都是非常难克服的。要克服这些性格弱点，除了长期艰苦训练，没有别的办法。

心理素质要过硬，俗话说太阳底下没有新鲜事，证券市场其实也是一样，不过是不同的人在做着相同的事情罢了。历史一次又一次地重演，涨跌总是要互相转换的。涨了没有什么值得大惊小怪的，跌了也无需恐慌害怕。如八卦太极图阴阳交错，讲究的是“逝者如斯，而未尝往也；盈虚者如彼，而卒未消长也。”选股如果想学巴菲特就认真学好选内在价值，或者潜在价值。理论根据是价格短期可能会偏离价值，但是不会长期偏离价值。金子总会发光的。

忍耐是做股票必须过的一道坎。除了有过硬的选股技术和操作手段，还要有忍功。忍住浮躁、忍住盲动、忍住情绪化；忍住不入，忍住不出，忍住不割，忍住不听、不理、不看、不想，等等，忍常人所不能忍。忍的过程很难、很痛苦，但忍的奖赏很美、很丰厚。忍得过，是因为看得破。看破小风浪，看破股欲股利，那你就一定能够达到富兰克林所说的：“有耐性的人，能得到他所要的一切”。

第三节　借　力

没有一个人是全能的，一个人的力量是有限的，如果把别人的经验变成自己的。或者，利用先进的工具达到自己想要得到的数据和统计资料，对我们来说是非常有用和重要的。站在巨人的肩膀上，你将更加强大。在大牛市中，做股票也可以利用一些大机构的研究报告和黑马传真进行操作，也会赚到更多的钱。因为有些机构有一定的庄家信息和一些内部资料。注意必须是在这个行业最有实力的机构，千万不要找那些研究力量的薄弱咨询机构做军师。

但是，我们所主张的最好方法就是靠自己的分析判断是否有机会。“要学习联系实际，不联系实际，就等于是空学，等于没学。”这是周恩来的名言之一。善于利用一切可以利用的资源，掌握第一手信息。如果你想了解一下什么行业比较景气，你完全可以打电话问一下你身边的朋友。对于每一个行业的情况可能你了解的不如从事该行业的朋友清楚，而当你决定买什么行业的股票的时候不要问从事该行业的朋友。了解情况可以，操作买卖是不一样的。同一个行业的股票也有很大的区别。

正如古人所言：“熟读唐诗三百首，不会吟来也会偷”。如果读者可以记住所有经典的图形和主力的策略。当出现非常相似的主力策略和K线图的时候，也许你也就可以很自然地抓住黑马。

借力的经典就是四两拨千斤的方法。看透主力即将迅速拉抬之前的那一瞬间，快速介入，推波助澜，顺势发财获取厚利。

善假于物的精神就是策略的应用，借助可以借助的力量，帮助自己完成奋斗目标。保持心态平稳，思路清晰，观点有理有据，才可长期从事股票生意。

我们如果想从别人那里得到有价值的东西，必须自己能够判断别人是否有真材实料。如果没有，那你的损失将更加大。有一位股友来找我们的时候，说了这样一个事。一位经常在电视上做股评节目的著名股评，说帮助她操作，可以赚到更多的钱。亏损得已经麻木的股友想想靠自己真的是没有本事翻身了，就给了这位股评操作。谁知到一个月不到亏损了 5 万多，本金原来是整数 15 万给他操作的，一下子变成了 10 万。提起这伤心事，我真的不知该如何安慰她。我们认为，判断一个人操盘是否有水平，是要看他买股票的切入点位。提前预测热点，把握热点的能力和应变的策略才是操盘手的本领。判断一个人的能力与名气没有任何关系，知名的电视股评不一定是专业的操盘手。也许他很善于演讲，但是，股票操作跟演讲水平没有任何关系。我们坚持检验实战能力的唯一依据就是业绩，不是很久以前的业绩，而是最近的战绩。有些人以前牛市获利翻倍，但是，最新的情况却无法适应行情的变化，现在的水平已经跟不上潮流了。

选好师傅再学艺，免得最后什么都是一场空。

还有一种中国特色的现象，那就是周末效应。每逢行情转暖，报纸刊登很多股评广告，电视、电台很多股评节目。在周末大肆制造声势，很多股民就是根据这些煽动性很强的个股推荐进行投资的。虽然星期一股价大涨了，但是很多时候都是跳空高开，有长长的上影线，星期二一开盘就跳空低开往下掉，稍微追高一个星期内没有解套的机会。由于很多的机构都是利用媒体的高手，因此，这种中国特色一直十多年没有改变过。如果你能提前介入媒体大力推荐的股票，那你就一定是个会借力的赢家。这种股票通常都会有很多老鼠仓抢货的，特别在下午 2:30 之后成交量会突然放大，股价上窜 3%左右。收市后的形态一定是很好看的，而且多数都是大盘低价股，方便资金大量进出。还有就是作好提前精选股票的工作，如果大盘已经启动，最好寻找均线多头，MACD 金叉向上，KDJ 金叉的潜力股记在本子里，输进电脑自选股里观察。只要你比别人提前一点，就可以占尽先机。借力的重要思想就是利用一切可以利用的资源。

第十章 空 仓

如果你要把股票投资作为你的终身职业，那你必须学会空仓。以股票投资为职业意味着除了从股票买卖操作上赚钱之外，你没有其他的收入来源，你将面临着日常开支的生活压力。很多股民在股票市场撞得焦头烂额，管理多个保证金账户的代理操盘手是没有专业实战技术的退休工，使亲朋好友反目成仇，资金深度被套。其根本原因就是不会在高位空仓。

在空仓的情况下或者在市场出现调整的时候，是我们认真总结经验和学习的时候。如果投资者不善于在调整市中停止操作，进行学习充电，那下一波更大的行情出现的时候，就很难抓到市场的热点。把握股市暴利的机会是我们专注去学习技术的目的。空仓除了调整自己心态和充实自己本领，还有更主要的作用就是休息。做股票的人非常辛苦，不知道什么时间是休息，什么时间是假期。只有在空仓的时候才会全身心放松。

第一节　K线掘金

我们主要通过量化看图训练来强化自己看图的本能反应能力，达到熟能生巧的境界。在看盘操盘过程中完全做到机器化、系统化操作，这是实现高手的阶梯。精选众多黑马突破层层阻力达到最后疯狂加速大涨，然后在高位顺利批发底部筹码的赚钱高招，尽在K线不言中。发掘股市金矿，只能从最基本的K线图入手，最后达到一眼就能看出是黑马，一看就知道主力机构处于运作的什么阶段。老庄股只要给你看见了，你就不会踩到地雷了。

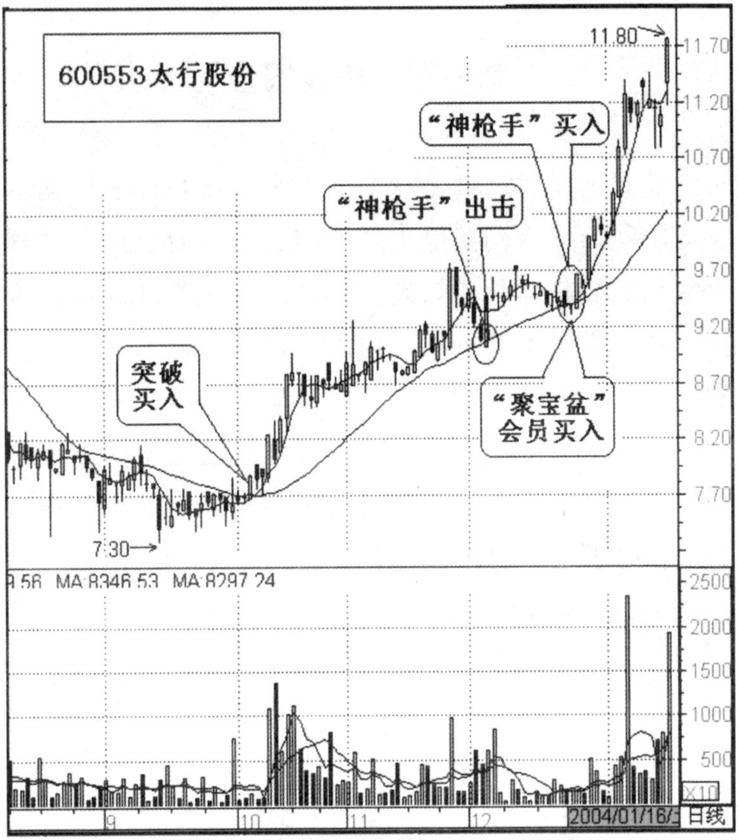
600553太行股份
11.80
"神枪手"买入
"神枪手"出击
突破
买入
"聚宝盆"
会员买入
7.30
MA:8346.53 MA:8297.24
2004/01/16
日线

图 10–1

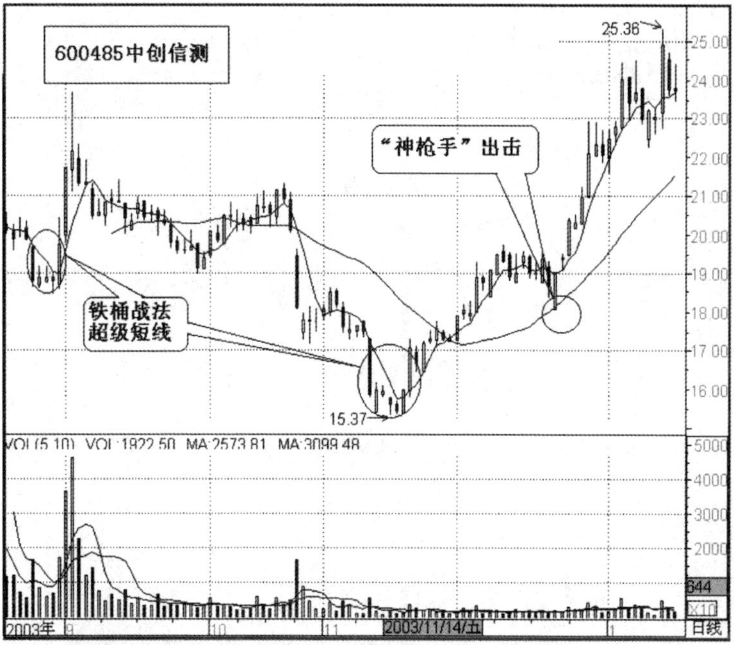
600485中创信测
"神枪手"出击
铁桶战法
超级短线
25.36
15.37
VOL(5,10) VOL:1922.50 MA:2573.81 MA:3099.48
2003/11/14/五
日线

图 10-2

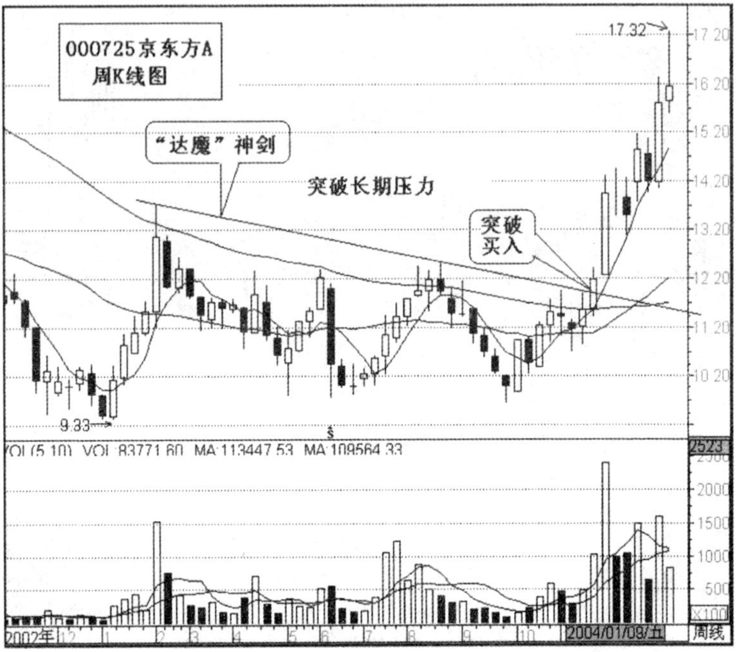

000725京东方A
周K线图
"达魔"神剑
突破长期压力
突破
买入
17.32
9.33
2002年
2004/01/09/五
周线

图 10–3

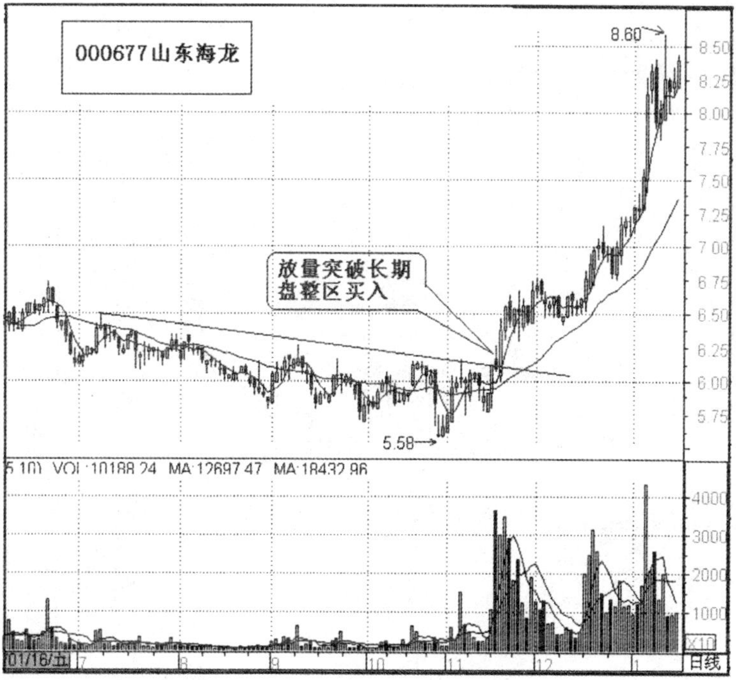
000677山东海龙
8.60
放量突破长期
盘整区买入
5.58
5,10) VOL:10188.24 MA:12697.47 MA:18432.96
8.50
8.25
8.00
7.75
7.50
7.25
7.00
6.75
6.50
6.25
6.00
5.75
4000
3000
2000
1000
X10
01/16/五
7
8
9
10
11
12
1
日线

图 10-4

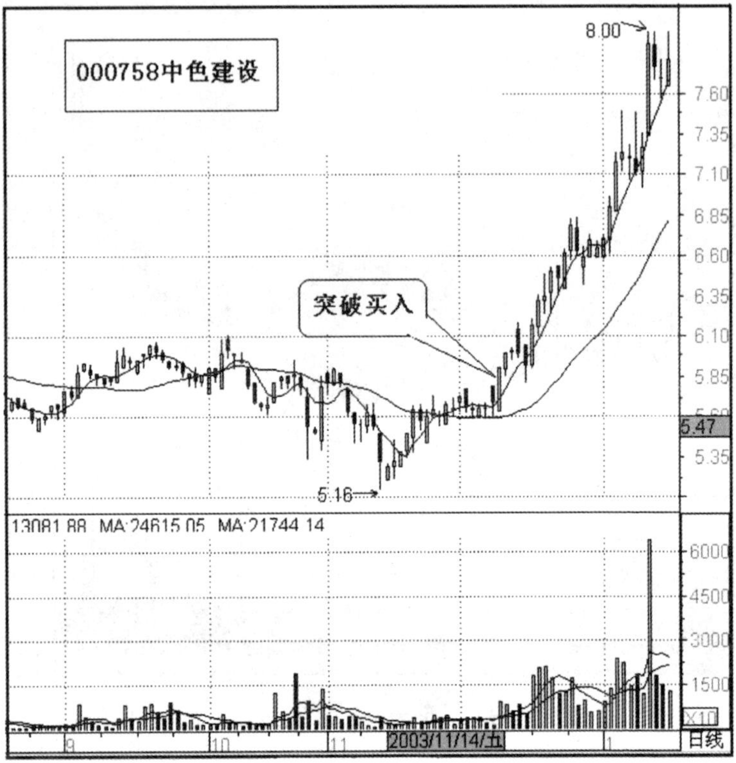
000758中色建设
突破买入
8.00
5.16
7.60
7.35
7.10
6.85
6.60
6.35
6.10
5.85
5.47
5.35
13081.88 MA:24615.05 MA:21744.14
6000
4500
3000
1500
X10
9
10
11
2003/11/14/五
1
日线

图 10–5

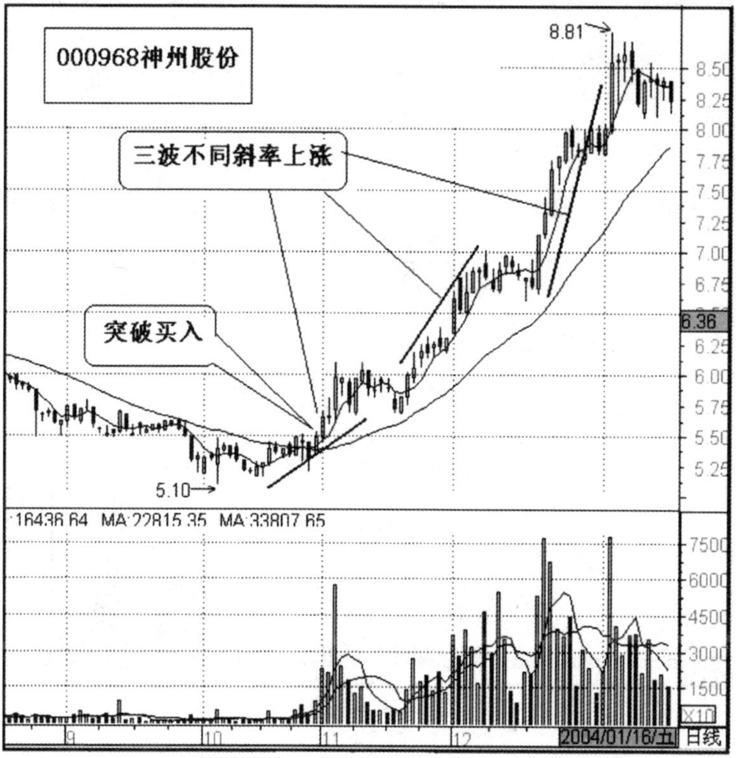
000968神州股份
三波不同斜率上涨
突破买入
8.81
5.10
8.50
8.25
8.00
7.75
7.50
7.25
7.00
6.75
6.36
6.25
6.00
5.75
5.50
5.25
16436.64 MA:22815.35 MA:33807.65
7500
6000
4500
3000
1500
X10
9
10
11
12
2004/01/16/五
日线

图 10-6

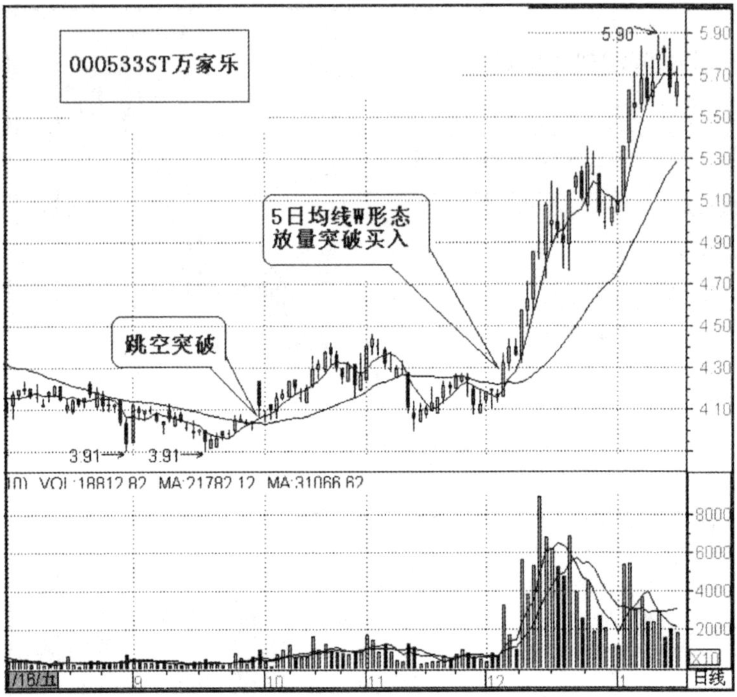
000533ST万家乐
5日均线W形态
放量突破买入
跳空突破
5.90
3.91
3.91
VOL:18812.82 MA:21782.12 MA:31066.62
日线

图 10-7

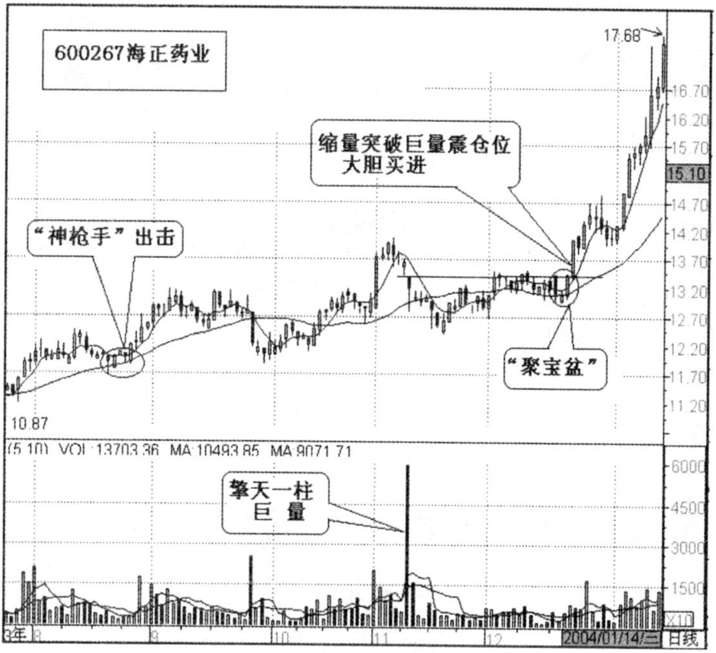
600267海正药业
17.68
16.70
16.20
15.70
15.10
14.70
14.20
13.70
13.20
12.70
12.20
11.70
11.20
10.87
缩量突破巨量震仓位
大胆买进
"神枪手"出击
"聚宝盆"
(5,10) VOL:13703.36 MA:10493.85 MA:9071.71
擎天一柱
巨 量
6000
4500
3000
1500
X10
3年
8
9
10
11
12
2004/01/14/三
日线

图 10-8

600475华光股份
"神枪手"出击
突破箱顶
14.67
8.22
VOL(5,10) VOL:8676.71 MA:21179.39 MA:21127.23
2004/01/16/五
日线

图 10–9

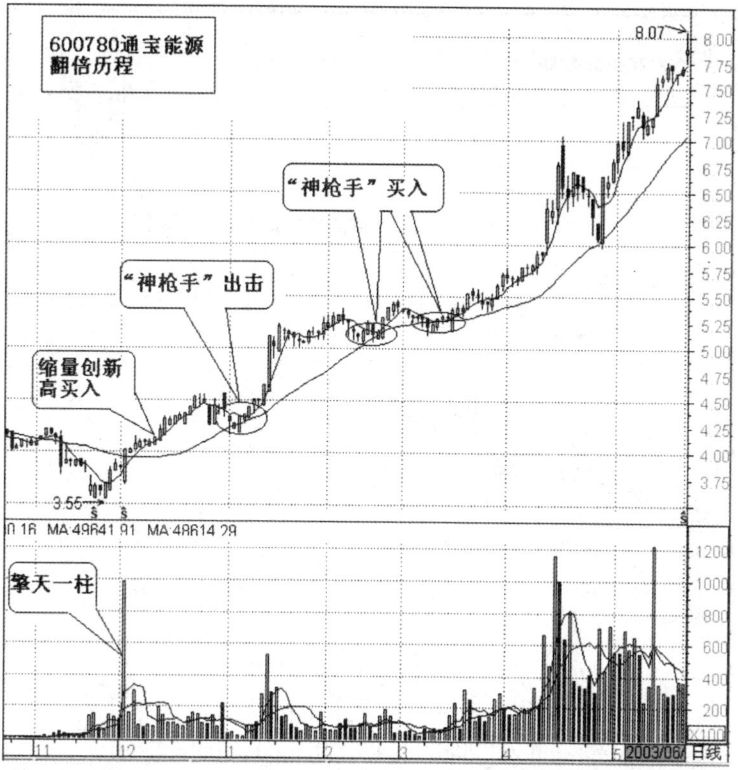

图 10–10

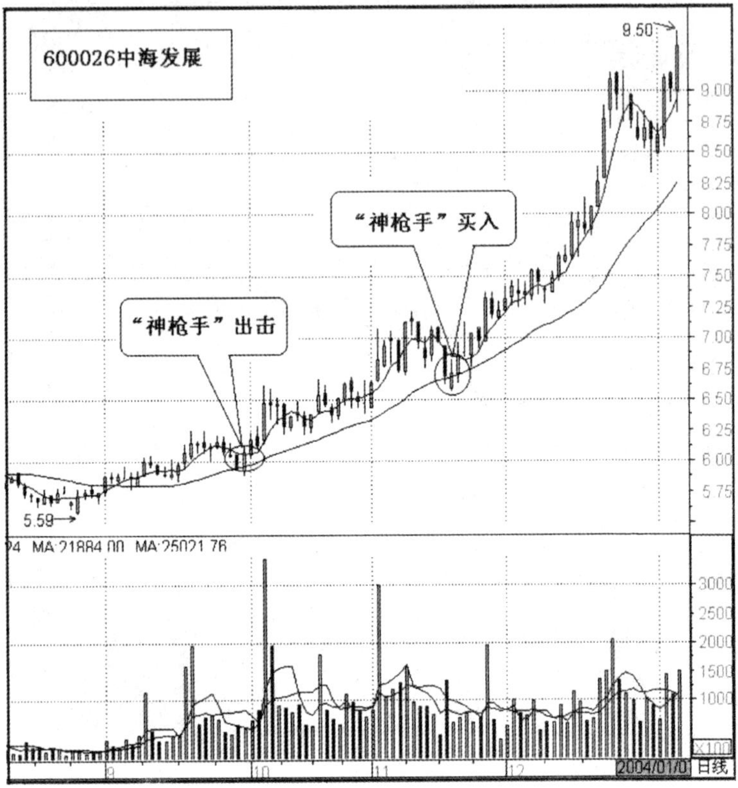
600026中海发展
"神枪手"出击
"神枪手"买入
9.50
5.59
MA:21884.00 MA:25021.76
2004/01/0
日线

图 10-11

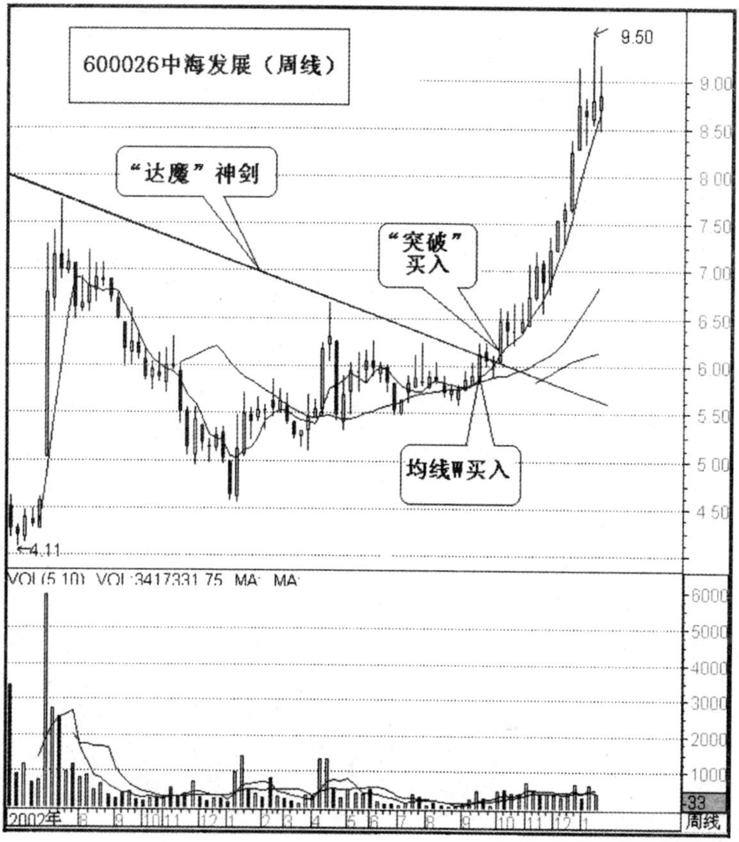

600026中海发展（周线）
“达魔”神剑
“突破”买入
均线W买入
9.50
4.11
VOL(5,10) VOL:3417331.75 MA: MA:
周线

图 10-12

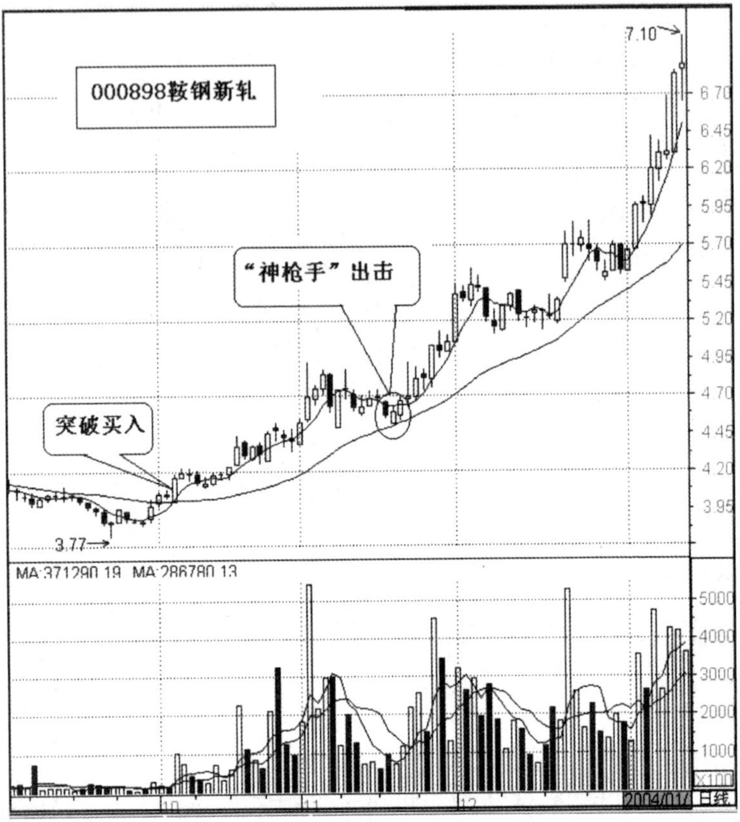
000898鞍钢新轧
"神枪手"出击
突破买入
7.10
3.77
6.70
6.45
6.20
5.95
5.70
5.45
5.20
4.95
4.70
4.45
4.20
3.95
MA:371290.19 MA:286780.13
5000
4000
3000
2000
1000
X100
10
11
12
2004/01/
日线

图 10–13

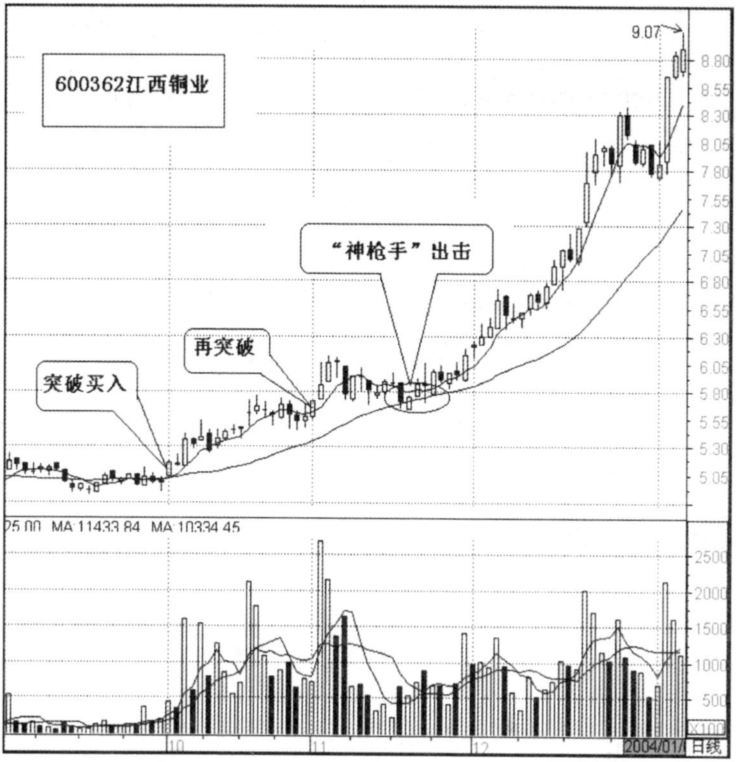
600362江西铜业
“神枪手”出击
再突破
突破买入
9.07
8.80
8.55
8.30
8.05
7.80
7.55
7.30
7.05
6.80
6.55
6.30
6.05
5.80
5.55
5.30
5.05
25.00 MA:11433.84 MA:10334.45
2500
2000
1500
1000
500
X100
10
11
12
2004/01/
日线

图 10–14

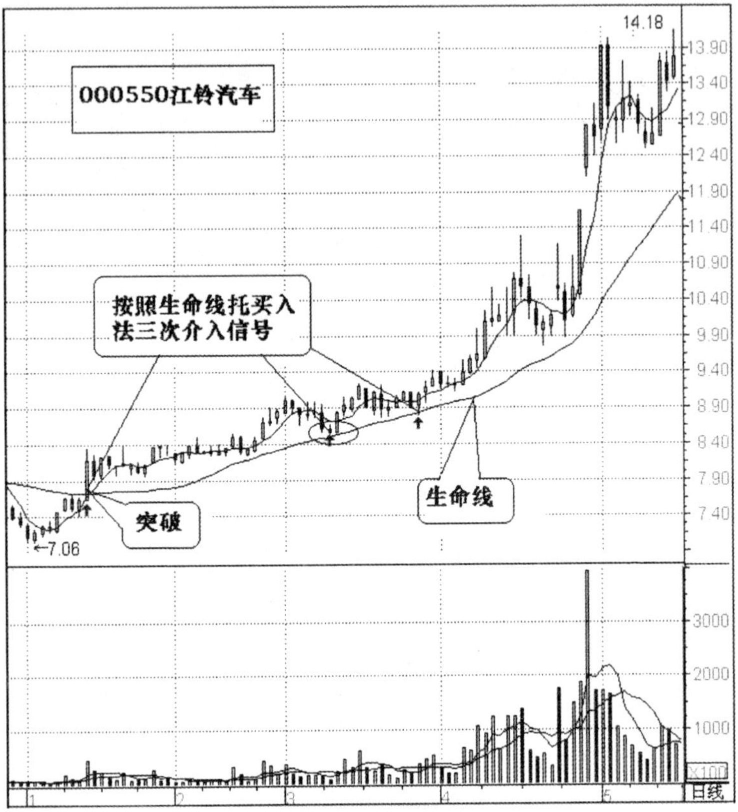
14.18
13.90
13.40
12.90
12.40
11.90
11.40
10.90
10.40
9.90
9.40
8.90
8.40
7.90
7.40
000550江铃汽车
按照生命线托买入
法三次介入信号
突破
生命线
←7.06
3000
2000
1000
X100
日线
1
2
3
4
5

图 10-15

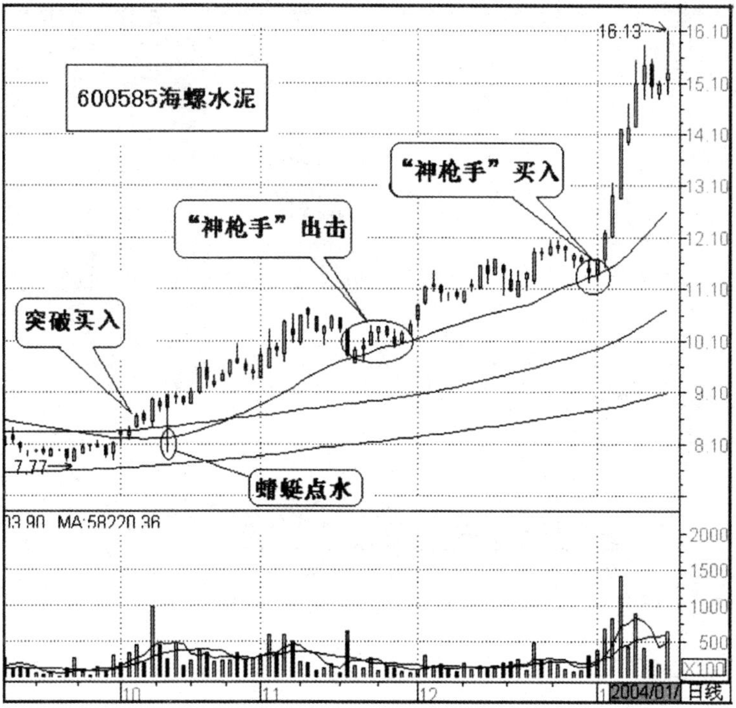
600585海螺水泥
"神枪手"买入
"神枪手"出击
突破买入
蜻蜓点水
16.13
7.77
16.10
15.10
14.10
13.10
12.10
11.10
10.10
9.10
8.10
MA:58220.36
2000
1500
1000
500
X100
10
11
12
2004/01/
日线

图 10–16

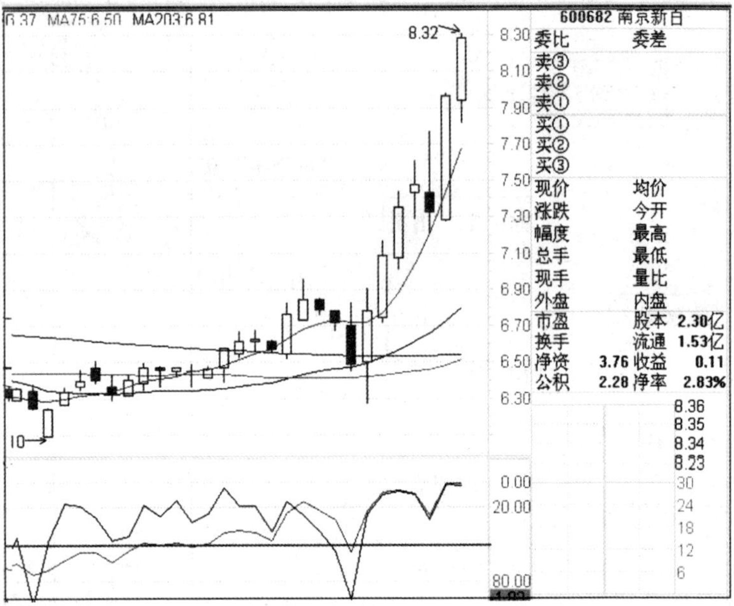
MA75:6.50 MA203:6.81
8.32
10
600682 南京新白
委比 委差
卖③
卖②
卖①
买①
买②
买③
现价 均价
涨跌 今开
幅度 最高
总手 最低
现手 量比
外盘 内盘
市盈 股本 2.30亿
换手 流通 1.53亿
净资 3.76 收益 0.11
公积 2.28 净率 2.83%
8.30
8.10
7.90
7.70
7.50
7.30
7.10
6.90
6.70
6.50
6.30
0.00
20.00
80.00

图 10-17

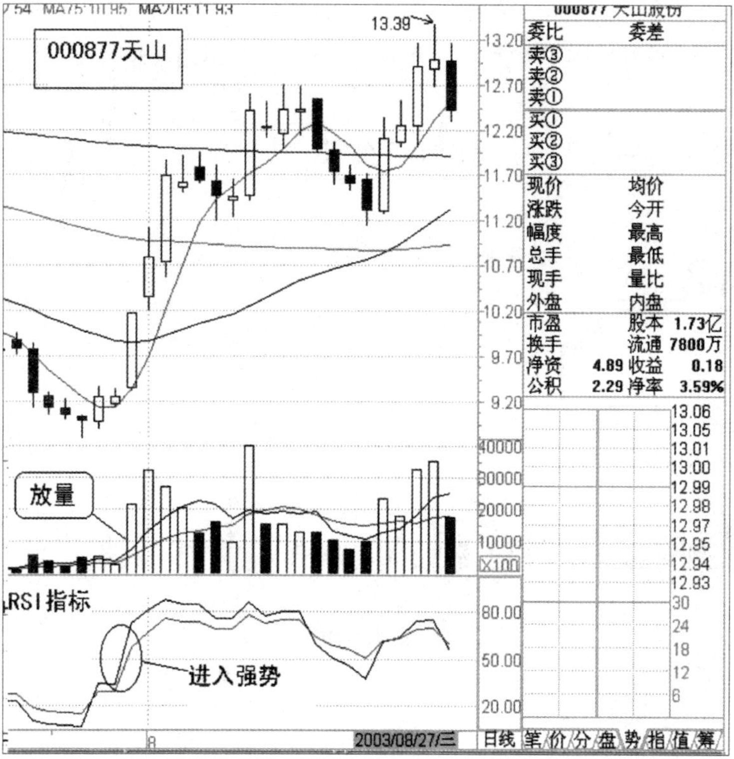

000877天山
13.39
放量
RSI指标
进入强势
000877 天山股份
委比 委差
现价 均价
涨跌 今开
幅度 最高
总手 最低
现手 量比
外盘 内盘
市盈 股本 1.73亿
换手 流通 7800万
净资 4.89 收益 0.18
公积 2.29 净率 3.59%
2003/08/27/三
日线

图 10–18

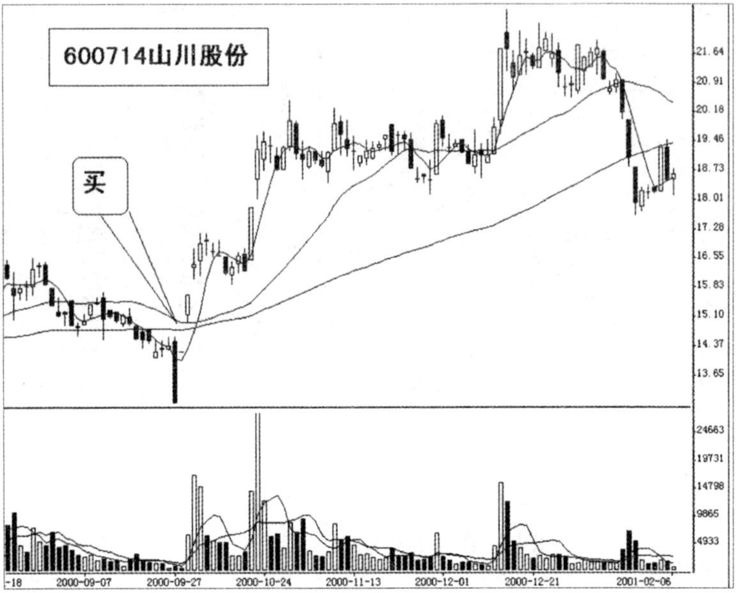
600714山川股份
买
21.64
20.91
20.18
19.46
18.73
18.01
17.28
16.55
15.83
15.10
14.37
13.65
24663
19731
14798
9865
4933
-18
2000-09-07
2000-09-27
2000-10-24
2000-11-13
2000-12-01
2000-12-21
2001-02-06

图 10-19

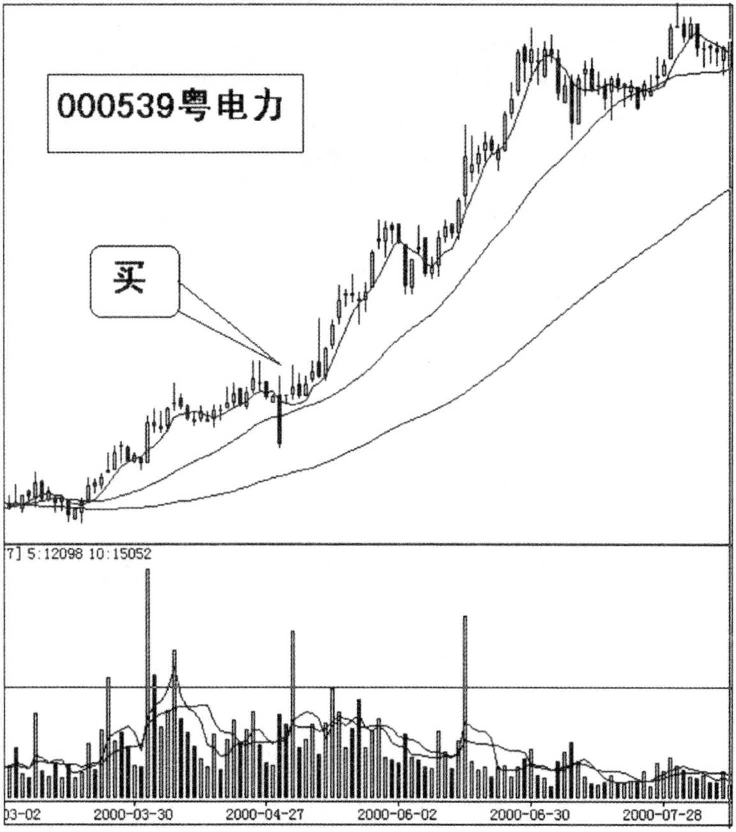
000539粤电力
买
7] 5:12098 10:15052
03-02
2000-03-30
2000-04-27
2000-06-02
2000-06-30
2000-07-28

图 10-20

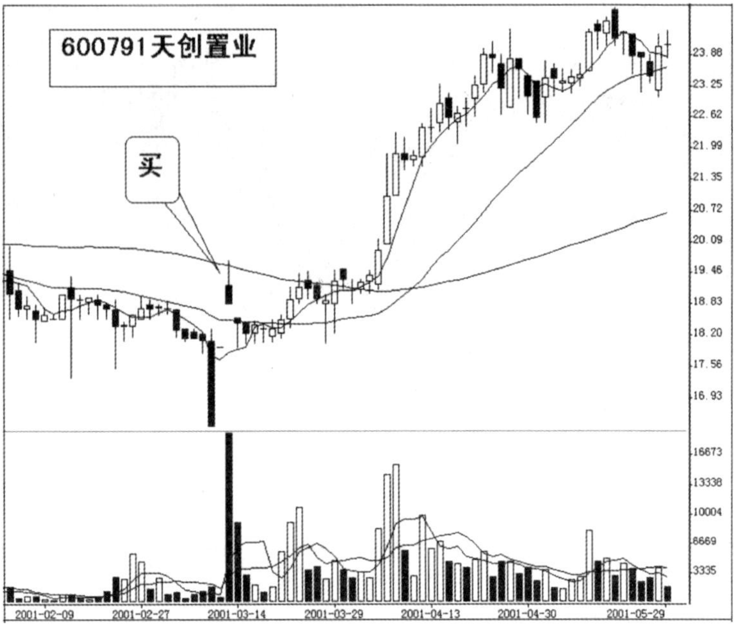

图 10-21

第二节　决战分时

通过前面很多章节的 K 线图实战分析相信大家对本书都有了比较直观的认识。那么，在盘中的那一瞬间如何决策买卖呢？那就要学会看分时图。通过大量涨停的分时图，读者可以非常简单地学会主力做盘的方法。其实股票市场新鲜的东西不是很多，只是经历很多之后，投资理念才会有所改良而已。

我们在具体实战过程中，要对分时图进行详细地分析，充分理解主力机构的意图。我相信一定可以从看图的数量累积到判断质量的提高，最后达到熟能生巧的质的飞跃。看一眼就知道主力的意图，读懂盘口语言，从此步入股市的升途。只有内心得到充分洗礼，技巧得到长期训练，才能最后达到理念的深化和提升，成为股市高手。这才是符合逻辑思维的过程，想在股票市场一步登天的人通常都会惨败收场。

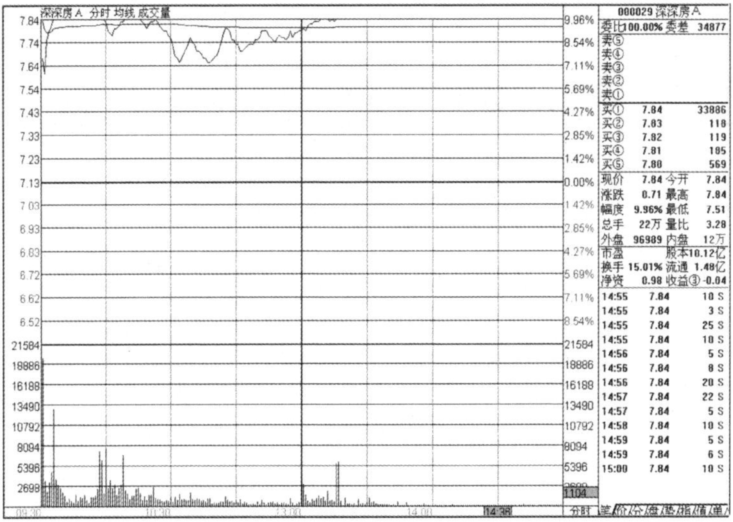

图 10-22

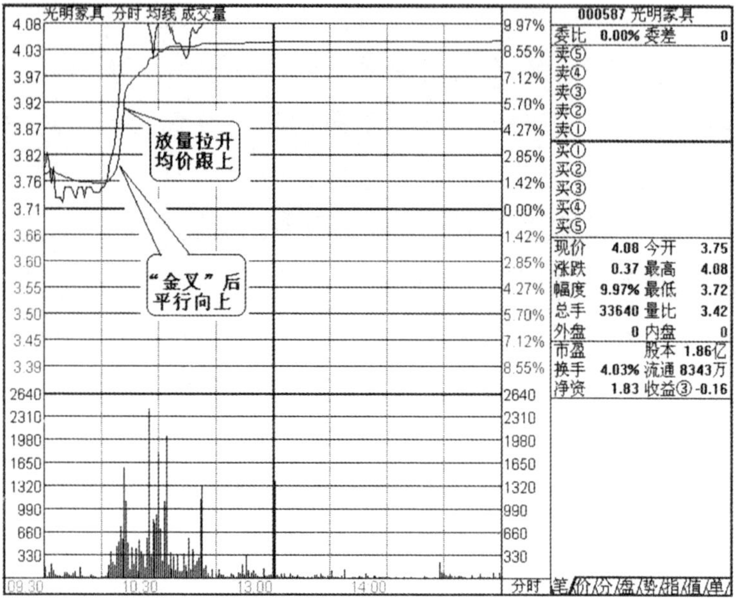
光明家具 分时 均线 成交量
000587 光明家具
放量拉升
均价跟上
“金叉”后
平行向上
委比 0.00% 委差 0
现价 4.08 今开 3.75
涨跌 0.37 最高 4.08
幅度 9.97% 最低 3.72
总手 33640 量比 3.42
外盘 0 内盘 0
市盈 股本 1.86亿
换手 4.03% 流通 8343万
净资 1.83 收益③ -0.16

图 10-23

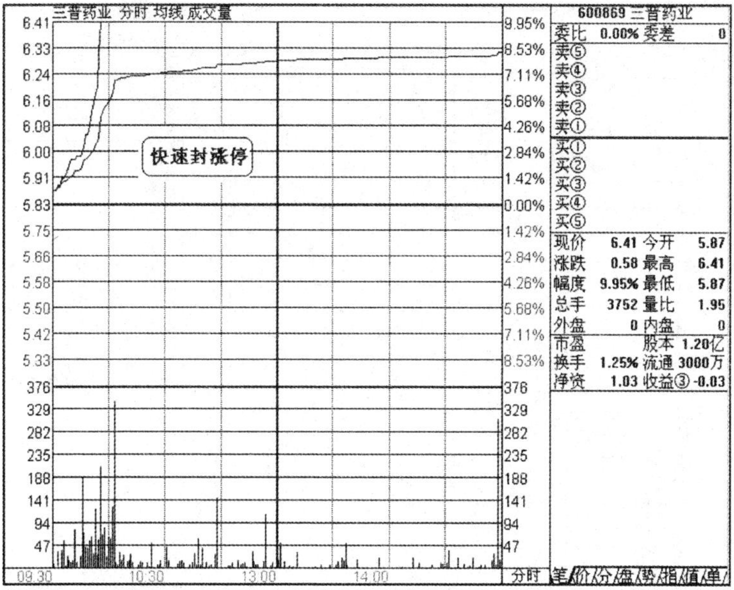
三普药业 分时 均线 成交量
快速封涨停
600869 三普药业
委比 0.00% 委差 0
现价 6.41 今开 5.87
涨跌 0.58 最高 6.41
幅度 9.95% 最低 5.87
总手 3752 量比 1.95
外盘 0 内盘 0
市盈 股本 1.20亿
换手 1.25% 流通 3000万
净资 1.03 收益③ -0.03

图 10-24

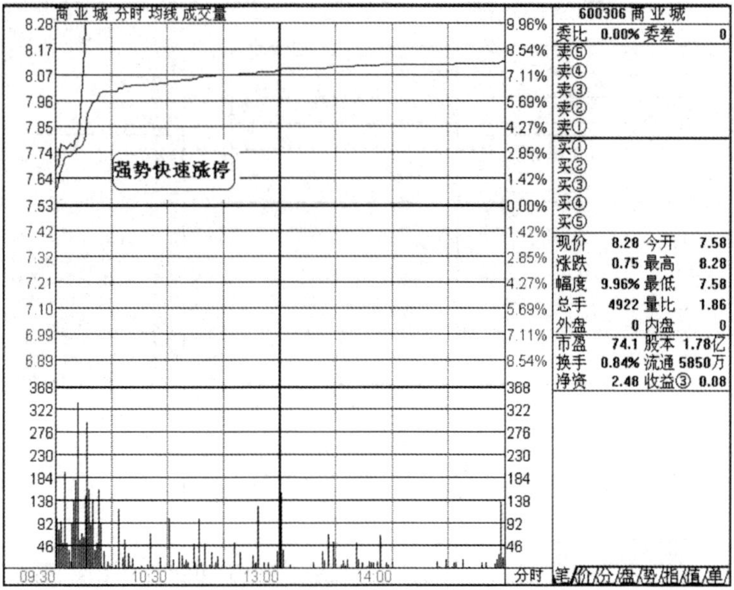

商业城 分时 均线 成交量
强势快速涨停
600306 商业城
委比 0.00% 委差 0
现价 8.28 今开 7.58
涨跌 0.75 最高 8.28
幅度 9.96% 最低 7.58
总手 4922 量比 1.86
外盘 0 内盘 0
市盈 74.1 股本 1.78亿
换手 0.84% 流通 5850万
净资 2.48 收益③ 0.08

图 10-25

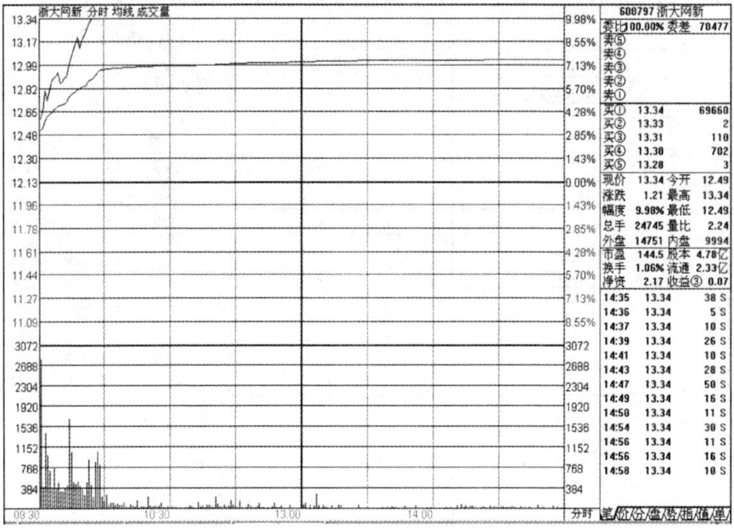
浙大网新 分时 均线 成交量
13.34
13.17
12.99
12.82
12.65
12.48
12.30
12.13
11.96
11.78
11.61
11.44
11.27
11.09
9.98%
8.55%
7.13%
5.70%
4.28%
2.85%
1.43%
0.00%
1.43%
2.85%
4.28%
5.70%
7.13%
8.55%
3072
2688
2304
1920
1536
1152
768
384
09:30
10:30
13:00
14:00
分时
600797 浙大网新
委比 100.00% 委差 70477
卖⑤
卖④
卖③
卖②
卖①
买① 13.34 69660
买② 13.33 2
买③ 13.31 110
买④ 13.30 702
买⑤ 13.28 3
现价 13.34 今开 12.49
涨跌 1.21 最高 13.34
幅度 9.98% 最低 12.49
总手 24745 量比 2.24
外盘 14751 内盘 9994
市盈 144.5 股本 4.78亿
换手 1.06% 流通 2.33亿
净资 2.17 收益③ 0.07
14:35 13.34 38 S
14:36 13.34 5 S
14:37 13.34 10 S
14:39 13.34 26 S
14:41 13.34 10 S
14:43 13.34 28 S
14:47 13.34 50 S
14:49 13.34 16 S
14:50 13.34 11 S
14:54 13.34 30 S
14:56 13.34 11 S
14:56 13.34 16 S
14:58 13.34 10 S
笔 价 分 盘 势 指 值 单

图 10-26

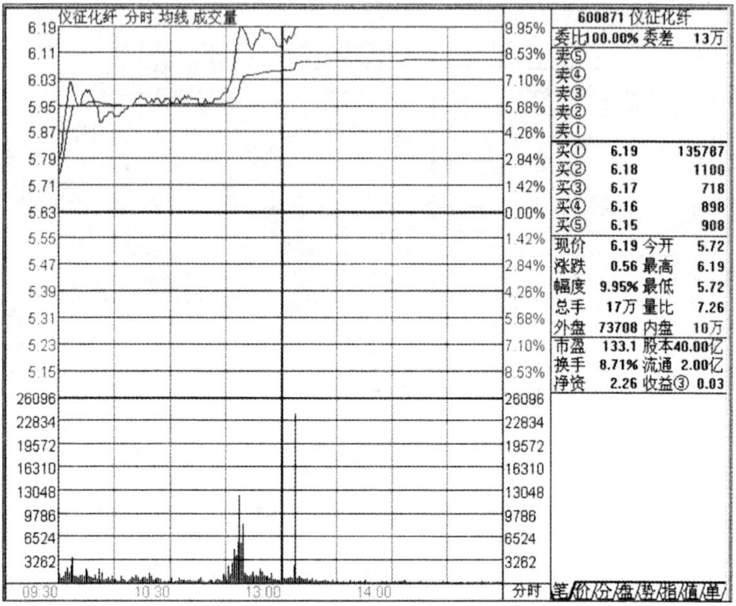

仪征化纤 分时 均线 成交量
6.19
6.11
6.03
5.95
5.87
5.79
5.71
5.63
5.55
5.47
5.39
5.31
5.23
5.15
9.95%
8.53%
7.10%
5.68%
4.26%
2.84%
1.42%
0.00%
26096
22834
19572
16310
13048
9786
6524
3262
09:30
10:30
13:00
14:00
分时
600871 仪征化纤
委比 100.00% 委差 13万
卖⑤
卖④
卖③
卖②
卖①
买① 6.19 135787
买② 6.18 1100
买③ 6.17 718
买④ 6.16 898
买⑤ 6.15 908
现价 6.19 今开 5.72
涨跌 0.56 最高 6.19
幅度 9.95% 最低 5.72
总手 17万 量比 7.26
外盘 73708 内盘 10万
市盈 133.1 股本 40.00亿
换手 8.71% 流通 2.00亿
净资 2.26 收益③ 0.03
笔 价 分 盘 势 指 值 单

图 10-27

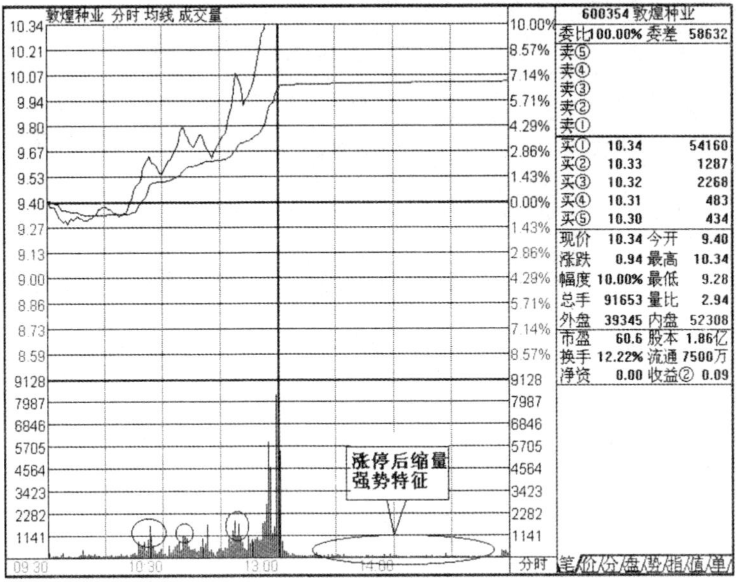
敦煌种业 分时 均线 成交量
10.34
10.21
10.07
9.94
9.80
9.67
9.53
9.40
9.27
9.13
9.00
8.86
8.73
8.59
9128
7987
6846
5705
4564
3423
2282
1141
10.00%
8.57%
7.14%
5.71%
4.29%
2.86%
1.43%
0.00%
1.43%
2.86%
4.29%
5.71%
7.14%
8.57%
09:30
10:30
13:00
14:00
分时
涨停后缩量
强势特征
600354 敦煌种业
委比 100.00% 委差 58632
卖⑤
卖④
卖③
卖②
卖①
买① 10.34 54160
买② 10.33 1287
买③ 10.32 2268
买④ 10.31 483
买⑤ 10.30 434
现价 10.34 今开 9.40
涨跌 0.94 最高 10.34
幅度 10.00% 最低 9.28
总手 91653 量比 2.94
外盘 39345 内盘 52308
市盈 60.6 股本 1.86亿
换手 12.22% 流通 7500万
净资 0.00 收益② 0.09
笔 价 分 盘 势 指 值 单

图 10-28

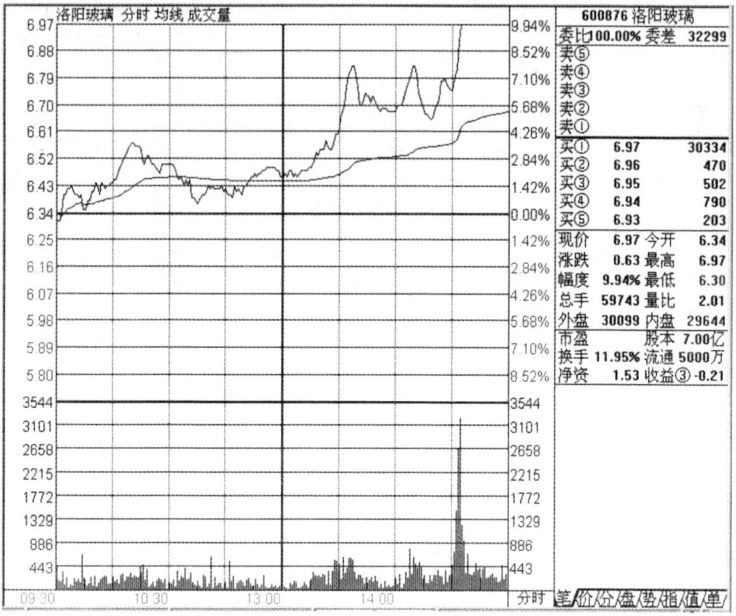
洛阳玻璃 分时 均线 成交量
6.97
6.88
6.79
6.70
6.61
6.52
6.43
6.34
6.25
6.16
6.07
5.98
5.89
5.80
9.94%
8.52%
7.10%
5.68%
4.26%
2.84%
1.42%
0.00%
1.42%
2.84%
4.26%
5.68%
7.10%
8.52%
3544
3101
2658
2215
1772
1329
886
443
09:30
10:30
13:00
14:00
分时
600876 洛阳玻璃
委比 100.00% 委差 32299
卖⑤
卖④
卖③
卖②
卖①
买① 6.97 30334
买② 6.96 470
买③ 6.95 502
买④ 6.94 790
买⑤ 6.93 203
现价 6.97 今开 6.34
涨跌 0.63 最高 6.97
幅度 9.94% 最低 6.30
总手 59743 量比 2.01
外盘 30099 内盘 29644
市盈 股本 7.00亿
换手 11.95% 流通 5000万
净资 1.53 收益③ -0.21
笔 价 分 盘 势 指 值 单

图 10-29

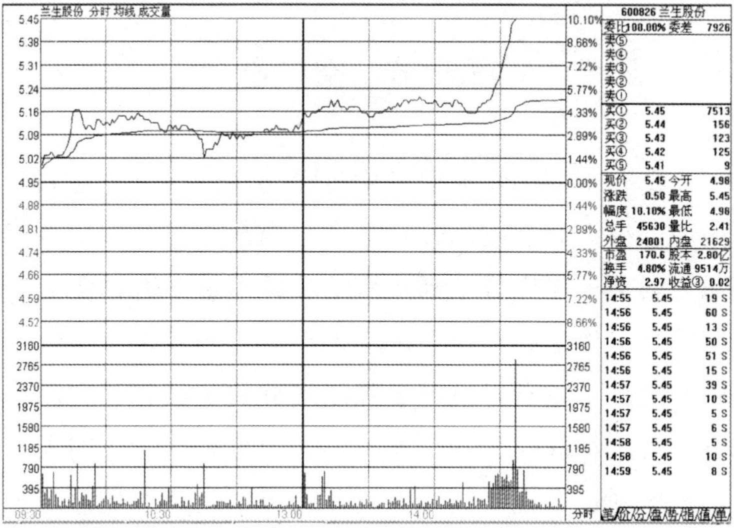
兰生股份 分时 均线 成交量
5.45
5.38
5.31
5.24
5.16
5.09
5.02
4.95
4.88
4.81
4.74
4.66
4.59
4.52
3160
2765
2370
1975
1580
1185
790
395
09:30
10:30
13:00
14:00
10.10%
8.66%
7.22%
5.77%
4.33%
2.89%
1.44%
0.00%
1.44%
2.89%
4.33%
5.77%
7.22%
8.66%
分时
600826 兰生股份
委比 100.00% 委差 7926
卖⑤
卖④
卖③
卖②
卖①
买① 5.45 7513
买② 5.44 156
买③ 5.43 123
买④ 5.42 125
买⑤ 5.41 9
现价 5.45 今开 4.98
涨跌 0.50 最高 5.45
幅度 10.10% 最低 4.98
总手 45630 量比 2.41
外盘 24001 内盘 21629
市盈 170.6 股本 2.80亿
换手 4.80% 流通 9514万
净资 2.97 收益③ 0.02
14:55 5.45 19 S
14:56 5.45 60 S
14:56 5.45 13 S
14:56 5.45 50 S
14:56 5.45 51 S
14:56 5.45 15 S
14:57 5.45 39 S
14:57 5.45 10 S
14:57 5.45 5 S
14:57 5.45 6 S
14:58 5.45 5 S
14:58 5.45 10 S
14:59 5.45 8 S
笔 价 分 盘 势 指 值 单

图 10-30

第三节 空 仓

我们还是认为永远战斗在股票市场还能生存到现在还过得很好的成功投资者，一定已经充分理解到空仓的意义。在你看不到热点，分析不透主力真实意图的时候，你最好用空仓来保护自己的利益。市场节奏非常快，不是所有投资者都能把握的，就算顶尖高手也经常选择放弃一些个股。不一定每天都操作的人一定能赚到很多钱，只有识时务者才可见风使舵，趋炎附势，从而左右逢源。

如果投资者掌握了空仓的技巧，从此就不会被套了。我们在每天的操作当中很多时候都会沉迷于股海之中，没有清醒的思维，反而容易迷失方向，不知道该何去何从。我们掌握了前面几章的基本技巧之后，还要好好把握空仓的技术。

在大盘接近顶部的时候空仓，在大盘处于下跌通道当中空仓，在没有把握的时候空仓。一般的情况下我们选择在获取每一次暴利了结之后，给自己放假一天休息。因为，持有个股的时候你很难不做详细的分析。涨跌之间有它自身的周期规律，亏损往往都是紧跟随在成功的交易之后的。“在发生亏损时，要减量交易；在交易获利之后，也要采取减量交易。别太得意忘形、粗心大意！”这是最成功的交易员给我们的建议。

如果成为善于空仓的成熟投资者，做到进退有度，相信你已经顺利成为了一名赢家。有一套比较完善的选股系统和方法，加上监测风险和控制风险的操盘策略。剩下的工作就是持之有恒地进行掘金了。

空仓是控制风险的最有效方法。不要受到市场的左右和别人的干扰，坚持自己的观点。一个观念：一年当中最少有 500 个涨停板，你只要连续成功抓到 7 次，你的保证金就能复合增长 100%了，还用急躁地去乱冲乱撞吗？年年翻倍，不是梦。我们的读者当中已经有一批成熟的老股民告诉我们，他们的成功喜悦。掌握一两种实用的技巧比了解几十种半懂不懂的技术指标要好。读懂一两本书，要比你看几十本书而什么都没有学精好。专注研究，深切体会。你会知道其实炒股票是最好的职业。当我一次赢利 60%的时候，我给自己休息度假完全放松的感觉是别的工作无法给到自己的满足感。连续抓到市场的主流板块的焦点黑马，涨停的感觉需要放松来调整心态。如果你还想知道如何放松自己紧张的炒股压力，那你可以每天听经典的古筝音乐。高山流水的意境绝对可以帮到你解除疲惫的。

当你空仓之后，最好到郊外或者公园去登一下山。

吸取树木的精华，保持精神抖擞，斗志旺盛是你赚钱以及身体健康的保证。

不管你的技术多么过硬，不管你的心态多么稳，长期作战在股市第一线，都会出现疲劳和判断失误导致亏损的时候。我们要注意到，任何成功的投资者都会注意好空仓休息。如果不学会空仓休息，长期疲劳作战，一味苦干，只能将人变成机器人，赚到再多的钱也没有意思，人总是要有情绪和思维的发泄空间的，做到一张一弛就不能称之为行里高手。炒股就是要在该休息的时候就休息，该出击的时候毫不犹豫就出击。如果做股票做到没有休息时间，长期疲劳失眠，那就不会有太大的进步。把拳头收回来是为了更好地打出下一拳。

提前研究，超前把握，轻松从容获利，才是我们的追求。

后记：龙虎榜上见

战斗在股市第一线，忙忙碌碌已十多年，经历了无数次惊心动魄的市场洗礼，笔者自我感觉“功力”大增。最近几年才静下心来，写一些自己所认为可以用文字来保存的财富。有缘看到本书的人，发财是不可避免的。

大家不要再等报纸都登出龙虎榜的成交记录后才去投资，如果你还是按照报纸和电视台每天推荐的老办法去操作，每天去相信一些异想天开的话，不想靠自己通过艰苦学习来获得财富，那你将会永远站在股票散户大厅，豪华大户室将与你擦肩而过，无缘。靠自己去积累经验，战胜自己，不要太在乎别人怎么说。

股票市场本身就是风险聚集的地方，上下波动，反复无常。擦亮你的眼睛，你可以清楚地看到富人是如何变富，而穷人是如何变穷的。在投资上，很多时候欲速则不达，慢一点，稳一点 ，细水长流稳定实现赢利才是投资正道。过于激进，想快速赚钱发财往往变成了快速变穷。平常心态，波段操作，用一种有效稳健获利的系统交易模式，控制好风险，持续操作，实现致富是完全有可能的。

自《宁波高手》推出后，得到全国许多投资者热烈的反响，在很长时间里为市场所追捧，很多新华书店一度出现了脱销，很多证券书店网站对此书大力推介，读者评价也很高。笔者接待了不少含泪求助的读者，其中还有深度被套的残疾人。最不能亏的血汗钱，来之不容易！因此，笔者内心始终不能平静，不得不忙里抽闲，放弃周六、周日休息，在春节期间留在家中伏案挥笔疾书。笔者怀着满腔热情，连续多个通宵，终于完成了新书《宁波高手②——发掘股市金矿》。希望能点燃您心灵深处的希望之光！“国家兴旺，匹夫有责”“为中华之崛起而读书”“为人民服务”等每一句伟人的话都时刻深深地震撼着笔者的心灵，看到几千万在股市中还没有成功扭亏的人们，笔者有一种强烈而执着的使命感。当觉得自己在做一件能够帮助别人的事情时，心灵已得到无比的净化。

你需要的是：

操作中空仓的勇气；

买股时满仓的自信；

出货时坚决一股不剩的果断。

借孟子的醒世恒言：“天将降大任于斯人也，必先苦其心志，劳其筋骨，饿其体肤，空乏其身，行拂乱其所为，所以动心忍性，增益其所不能。”以激励那些还在股市里挣扎的股友。

笔者始终坚信：沙漠的尽头一定是绿洲；股民最难熬的黑暗日子终将过去，黎明的曙光即将来临。

苦心人，天不负；踏破铁鞋，全不费功夫！

新年新气象，就此止笔。愿新年的喜气冲去你熊市的霉气，给你带来新春的福气。新牛市，新气象，鸿运当头，福星高照。

恭祝广大支持和喜欢《宁波高手》的读者和投资者新年好运！财源广进！万事如意。衷心希望赚钱的人中，我们读者的比例最大。

小美 雪峰